REIKI 1ᵉ GRAAD

R. Breuer©

Reiki Centrum Ruth Breuer
Wrigntlaan 11
2497 CN Den Haag
www.ruthbreuer.com
ruthbreuer@gmx.com
070-3263517 06-50741984

© 2012 Ruth Breuer
Verlag   : Verlag Thorsten Weiss, Stuttgart
Herstellung   : Books on Demand GmbH, Norderstedt
ISBN   : 978-3-943530-26-1

Inhoudsopgave

Inleiding	4
Energie, Essentie, schepping en onze plaats daarin	5
Wat is Reiki?	26
De traditie	28
Het leven en de spirituele ontwikkeling van Mikao Usui	32
De vijf leefregels van Usui	35
De vader, de moeder en het kind	42
Welzijn, ziekte en healing	57
De verbinding tussen Reiki, het hart en healing	61
Reiki en het ego	64
Essentiële onderdelen voor de zoektocht naar binnen	67
Voeding	74
De behandelruimte	81
De zeven principes die vooraf gaan aan elke behandeling	85
Werken met Reiki als oefening in 'niet doen'	88
De zelfbehandeling	91
Een Reikibehandeling geven	93
De stoelbehandeling	96
Oefeningen voor jezelf	98
Technieken bij een behandeling	103

INLEIDING

Er is veel over Reiki geschreven vanuit verschillende benaderingen. Het ene is sterk vanuit de oorspronkelijke Usui traditie of een andere Reiki traditie, denkwijze en/of school geschreven, het andere richt zich voornamelijk op de praktische kant van de behandelingen of verbindt de kennis over Reiki met andere disciplines zoals shamanisme, aurahealing, shiatsu of acupunctuur.

Deze tekst richt zich op de verbinding tussen Reiki, leven en onze relatie daarmee. Het is belangrijk om te weten hoe we het werken met Reiki in verbinding kunnen brengen met ons praktische leven en onze zoektocht naar de essentie van het bestaan. Het doel van een Reiki-healing is immers om vollediger in de stroom van het leven aanwezig te zijn, in het Nu te zijn.

Met het proces dat Reiki op gang brengt hebben we de mogelijkheid ons leven op een ander niveau te brengen. Daarom is het belangrijk dat we ons realiseren dat dit proces meer is dan alleen op een bepaald moment een Reiki-healing te geven of ontvangen. We laten het leven weer stromen, en krijgen de mogelijkheid het intenser te beleven. Waarom zouden we er dan niet voor kiezen om met deze nieuw verkregen levensenergie het leven op een ander niveau te brengen? Dat zal ons niet gemakkelijk afgaan als we steeds in hetzelfde kringetje ronddraaien.

Om te groeien zullen we wellicht bepaalde oude gewoonten achter ons moeten laten en nieuwe aanleren of het leven op een andere manier leren zien. Ook is het de moeite waard om te ontdekken hoe, met welke innerlijke instrumenten we dat doen. Deze tekst geeft enkele sleutels in handen om op een nieuwe manier in het leven te gaan staan en de vrijgemaakte energie te gebruiken in plaats van steeds weer te blokkeren.

Ruth Breuer, Den Haag, maart 2012

ESSENTIE, SCHEPPING, EN ONZE PLAATS DAARIN

Energie is de grondstof
Energie is de grondstof, het begin van alle vormen die we maar kunnen bedenken of voorstellen. Van de oneindige ruimte van het universum tot ons fysieke lichaam. Van uitgestrekte sterrenstelsels tot microscopisch kleine deeltjes. Van net ontdekte energiegolven tot oeroude gebergten op aarde. Alle vorm, van niet waarneembaar door de mens, naar zeer subtiel tot uiterst tastbaar, is uiteindelijk terug te brengen tot alle denkbare en ondenkbare staten van energie.

Alle energie is met elkaar verbonden
Alle energie is onlosmakelijk met elkaar verbonden en alle zo op het uiterlijk verschillende vormen van energie communiceren met en reageren ook op elkaar. Wij zijn ons daar niet of nauwelijks van bewust, maar een van de belangrijkste aspecten in de zoektocht naar het wezen van onszelf is juist de ontdekking van de achterliggende eenheid en verbondenheid van energie als basis van alle vormen die het leven aanneemt.

Wij zijn met alles wat er is verbonden, we hoeven deze verbondenheid alleen toe te laten
Wij zijn in staat op harmonieuze en natuurlijke wijze deel te nemen in deze energetische ontvouwing van het leven, zonder er, onwetend, in verstrikt te raken, ertegen te vechten of het te blokkeren.

Als we uitsluitend bestaan als op zichzelf staand individu, afgescheiden van de rest en geen verbondenheid met het leven in de schepping kunnen voelen, zijn we in wezen zelf, als individu ook niet compleet omdat de individuele eenheid, die wij als mens zijn, onlosmakelijk verbonden is met, en een afspiegeling is van de eenheid van het leven als totaliteit. Het is er een kleine versie van. Je zou kunnen zeggen dat uit de eenheid van de totaliteit niets tevoorschijn kan komen dat wezensvreemd is aan de eenheid van waaruit het ontstaan is. Als de mens van de afgescheiden toestand, waarin hij zich gewoonlijk denkt te bevinden, overgaat naar de totaal verbonden en versmolten toestand met het gehele leven is dat de grootste transformatie die een mens kan ondergaan.

Het is een opluchting dat in welke versie van eenheid in totaliteit ook, er zich onverklaarbare, onmeetbare, ongrijpbare, logische, onlogische, mysterieuze, mystieke, voorspelbare en onvoorspelbare hiaten bevinden die op zichzelf veranderende grootheden zijn, al naar gelang ons bewustzijn om waar te nemen en te ervaren verandert. Hierin ligt dus ook onze grote kracht, namelijk eenheid te kunnen ervaren met de totaliteit van leven zonder alles te kunnen en willen benoemen. Zo gezien is de beleving van eenheid het opgeven van controle en angst vanuit de wens eenheid te beleven.

Vorm verdicht van subtiel naar vast
Het ontstaan van een vorm komt via uitgebreide processen tot stand. Het is de aard van energie om te willen stromen en het bouwt vormen op van subtiel naar tastbaar. Iets ontstaat niet plotseling als een vaste vorm maar ontstaat eerst op een subtiel niveau en neemt dan steeds vastere vormen aan. Net zoals alle dingen die de mens tot stand bracht en vorm gaf eerst in de geest ontstaan zijn, zo zijn alle vormen die we waar kunnen nemen en die we niet zelf vorm gaven, ook eerst op een subtieler, geestelijk niveau ontstaan.

In welke vorm energie zich ook bevindt, deze wil blijven stromen
Ook al heeft energie in onze ogen vaste vorm aangenomen, het blijft trouw aan zijn eigenschap om te stromen en in verbinding te staan met alle andere energie. Al het leven op aarde is in een constante verbinding en kan zich zonder enige hinder als stromende energie gedragen. Dit lijkt in onze ogen soms niet duidelijk, sterker nog, we kunnen ons misschien absoluut geen stromende energie voorstellen bij een steen, een berg, een huis, een tafel,

een lichaam, een mens, twee mensen, een vereniging, een kerk, een volk, een land, alle mensen, alle dingen, maar toch is dit de basistoestand van alle vormen apart en alle vorm tezamen.

We kunnen ons van deze stromende eenheid van energie bewust worden

De mens kan zich bewust worden van deze eenheid van energie, wel of niet gevormd, en er in mee stromen, maar is tegelijkertijd in staat om de energiestroom te blokkeren of als geblokkeerd te ervaren. Het leven drukt gewillig alle vanuit de menselijke geest ontstane blokkades in vorm uit terwijl in de onderliggende diepere werkelijkheid deze blokkades ook totaal hun plaats hebben in de eenheid van energie. *Want in deze diepere werkelijkheid is alles, wel of niet door ons als geblokkeerd waargenomen, met elkaar verbonden.*

De kracht die energie stuurt

Energie neemt niet op eigen initiatief vorm aan. Er is een creatieve kracht die energie in vorm omzet. Deze kracht komt voort uit de Essentie, de Bron, God of Al dat Is. Er bestaan vele namen voor datgene wat niet in woorden te vangen is. Het is niet iets buiten ons, wij nemen er aan deel en we kunnen het ons weer herinneren als we dat wensen. Het is het creatieve vermogen in de mens dat niet zozeer als een talent aanwezig is, bij sommigen wel en anderen niet, maar werkelijk de diepste aard van ieder mens is. Ieder mens is zich daar op zielsniveau van bewust. Sommigen zijn zich er al op menselijk niveau van bewust en sommigen kunnen er bewust uitdrukking aan geven.

Ons ultieme verlangen

Wanneer wij als mensen hier op aarde verschijnen is ons wezenlijke verlangen deze Essentie in al zijn uitingen onbeperkt te kunnen ervaren. Al onze wensen en verlangens komen voort uit dit éne verlangen, en daarmee is ook het leven zoals zich dat in al zijn facetten aan ons voordoet onlosmakelijk verbonden, ook al zijn we ons hier bijna nooit direct van bewust. Ons verlangen om eenheid en heelheid te willen ervaren kan op een ander plan komen als we dit gaan begrijpen.

Eerst zien we in onszelf de bewustwording van dit verlangen. Langzaam aan gaan we begrijpen wat we eigenlijk willen, we beginnen inzicht in onze ultieme wens te krijgen. Dit is vaak het begin van onze bewuste spirituele zoektocht. De vraag krijgt zijn meest directe vorm. We krijgen bijvoorbeeld het inzicht dat ons verlangen naar eenheid en liefde in een relatie niet alleen verbonden is aan ons verlangen naar een harmonieuze relatie maar dat het een uiting is van ons verlangen naar Eenheid.

Nadat we ons ervan bewust zijn geworden welke wens er eigenlijk achter al onze wensen schuilt, zijn we in eerste instantie vaak geneigd om deze wens afgescheiden te willen ervaren. We richten ons dan op een bepaald gebied in ons leven en denken van daaruit tot de Essentie te komen terwijl we andere delen van het leven vaak onderdrukken, verwaarlozen of afkeuren. We menen bijvoorbeeld dat we strikt vegetarisch of celibatair moeten leven, yoga moeten beoefenen of ons op een bepaalde manier te moeten gedragen.

De volgende stap die we dan kunnen maken is om te begrijpen dat achter al onze wensen de ultieme wens naar de belevenis van Essentie schuilt maar dat elke wens dan in feite goed is en geschikt om de Eenheid van het gehele leven te gaan beleven. Zo kunnen we, nadat we bij de oervorm van de menselijke wens zijn aangekomen, ons zonder gewetenswroeging en met hernieuwde acceptatie richten op de unieke diversiteit van haar uitingen en begrijpen dat het accepteren van alle vormen van onze achterliggende wens legitiem is. Niet alleen van de wensen van onszelf, maar ook van de wensen van de anderen.

De acceptatie van de diversiteit van onze oerwens, en voor velen de acceptatie van de diversiteit van de uitdrukking van deze wens bij anderen, is eigenlijk stap één op weg naar de beleving van Essentie, en daarmee van het leven.

Wie dit echt begrijpt, beleeft en voelt de zin en de schoonheid van het leven en heeft geen verlangen meer om alles wat hij persoonlijk niet wil van de aarde weg te vagen.

Dat alle wensen in wezen goed zijn omdat alle wensen een uitdrukking zijn van de ene oerwens om onszelf volledig te kennen en tot uitdrukking te brengen, neemt niet weg dat elke wens zijn uitwerking heeft. Iedereen kan meegaan in de harmonieuze uitdrukking van het leven en kiezen voor wensen die dat vorm geven of keer op keer kiezen om tegen de stroom van het leven in te gaan. Om wel of niet met de vrije stroom van het leven mee te gaan is het geheim van de vrije wil. Wie kiest voor wensen die zichzelf en anderen blokkeren raakt verstrikt in een web van wensen zonder ooit werkelijk vrijheid te ervaren.

Onze geest is het instrument om onze verlangens vorm te geven

Het is onze geest waarmee we al deze specifieke wensen en verlangens uiten. Onze geest is in wezen een uitdrukking van dezelfde universele geest die heel het leven tot schepping inspireert.

Voordat we als mens bestonden maakten we al deel uit van de scheppende geest die de oneindige ruimte met alles erop eraan en erin geschapen heeft, net zoals we daar nu ook een deel van zijn.

Alles wat we met onze individuele geest hoeven te doen is kijken naar de diversiteit van deze wereld, ontdekken wat, hoe en waarom we het leven willen gaan ervaren, waarna onze specifieke wensen de schepping in gaan en deze gestalte geven. Zo zijn we geboren, en vanaf onze geboorte ontstaat de wereld die wij waarnemen en ervaren niet anders dan zo. Het is een illusie te denken dat alleen ons handelen iets voortbrengt in het leven.

Onze handelingen worden altijd geïnspireerd door de staat van onze geest. Wat we allemaal menen te moeten doen in het leven hoort bij het fysieke spel dat we als mensen willen spelen hier op aarde. Pas als we ons volkomen bewust zijn van de stappen waarmee ons fysieke leven tot uitdrukking komt zal ons handelen echt moeiteloos het leven tevoorschijn brengen dat wij graag willen ervaren. Tot die tijd hebben we alleen het bewustzijn dat zich bewust is van het fysieke handelen en het fysieke resultaat.

De meesten van ons zijn zich van deze scheppende kracht niet bewust

We denken dat alles ons van buiten af overkomt, dat we geen scheppende kracht in onszelf hebben. We begrijpen vaak niet waarom onze wereld er dan zo lelijk en ongelukkig uitziet. We vragen ons af wat ons aandeel daarin is, en hoe het zo ver kon komen. We wilden toch alleen geluk, zuchtten we. In feite zuchten we onder het juk van onze, meestal onbewuste, negatief gestelde verlangens zonder te weten dat ze de wereld die wij waarnemen gestalte geven.

Als we het niet begrijpen, accepteren we het niet

We accepteren het leven dat we zelf gecreëerd hebben niet omdat we niet begrijpen hoe het tot stand kwam. Met ons onvermogen om te accepteren verkleinen en beperken we onze mogelijkheden in het leven. De Essentie is niet in vorm te vangen maar we kunnen in harmonie komen met de wereld die vanuit de Essentie gestalte krijgt door de werking van de geest. Dat doen we door te leren hoe de geest werkt. We kunnen het leven zoals het ontstaat dan moeiteloos leren accepteren, en het leven dat we echt willen ervaren tot stand brengen. We begrijpen dan de verbinding tussen inspiratie, het gebruik van de geest, het daaruit voortgekomen handelen en het resultaat.

Onze eigen verantwoordelijkheid nemen

Op het moment dat we gaan begrijpen hoe ons eigen leven vorm krijgt, kunnen we er ook steeds meer zelf verantwoording voor nemen. Datgene waar we verantwoordelijkheid voor nemen, kunnen we vervolgens ook zorg en aandacht geven. Deze verantwoordelijkheid voor ons eigen leven zorgt ervoor dat we stevig op onze benen komen te staan. We kunnen voor veel geld eindeloze therapeutische gesprekken voeren of elke dag allerlei krachtige energetische oefeningen doen maar als we het leven zoals zich aan ons voordoet niet accepteren, niet begrijpen dat het een heldere spiegel is voor dat wat we binnen onszelf gecreëerd hebben dan zullen we nooit in onze eigen kracht zijn.

Niemand vindt zijn eigen kracht in slachtofferschap of het geloof in willekeur van omstandigheden. Ook als we in een situatie terecht komen die we niet zelf tot stand hebben gebracht, bijvoorbeeld een situatie die andere mensen hebben gecreëerd, een natuurramp, of een erfelijk gegeven, dan nog kunnen we er verantwoordelijkheid voor nemen omdat we deze dingen alleen kunnen ervaren als het geheel van onze toestand, onze 'energetische frequentie' ermee in harmonie is. Dat wat onder of boven onze 'frequentie' is, kunnen we niet waarnemen en beleven.

In het Nu leven
Als we het leven helemaal accepteren zoals het is en er helemaal verantwoording voor nemen, zijn we helemaal in het Nu en staat alle energie die nodig is om het leven tot uiting te brengen ook tot onze beschikking. We hebben dan geen enkel stuk e leven meer afgesloten, ons werkterrein is maximaal ontsloten en we hebben toegang tot al onze talenten en mogelijkheden. Als we niet tevreden zijn met ons leven kunnen we door onze frequentie te veranderen ook ons leven veranderen. Door in het hier en Nu te leven is alle energie die deze persoonlijke frequentie tot stand brengt ook beschikbaar om te veranderen.

Vanuit welk perspectief richten we aandacht?
We creëren ons leven door de manier waarop we onze aandacht richten en dus ook hoe ons perspectief op het leven is. Willen we het leven veranderen, dan kunnen we

ons perspectief veranderen en de aandacht richten op wat we wel willen creëren, in plaats van gefixeerd te blijven op dat wat we niet willen creëren. Onze aandacht is als het licht dat we op iets kunnen laten schijnen. Datgene wat verlicht is, is zichtbaar en dat wat in de duisternis is kan niet worden onderscheiden. Als we in het donker buiten lopen is alleen datgene zichtbaar waar we de zaklantaarn op richten. Het lijkt alsof buiten de lichtstraal niets bestaat. Zo is het ook met aandacht. Met andere woorden: aandacht is de sleutel waardoor vorm uit energie gecreëerd wordt en wordt waargenomen en beleefd.

Aandacht kan uit verschillende lagen van ons bewustzijn komen, en dus ook verschillende lagen van de schepping belichten en vorm geven. De aandacht die vanuit de geest die verbonden is met de Essentie, gericht wordt, geeft een andere beleving van de wereld dan de aandacht die vanuit een niet verbonden geest gericht wordt. Een menselijke geest die gesloten is voor de Essentie, en de daaruit voortkomende universele geest, is als een klein zaklantaarntje, terwijl een menselijke geest die wel bewust met de universele geest verbonden is als een helder licht kan schijnen.

Vereenzelviging met het eindproduct of met de Bron?
Omdat we niet begrijpen dat de scheppende kracht van de Essentie in ons is en het werk voor ons doet, zwoegen we in dit leven voort en denken we dat we heel hard moeten werken. We vereenzelvigen ons met de uiterlijke vormen en toestanden die we vaak als onvoldoende en onvolmaakt ervaren. We identificeren ons als het ware alleen met het eindproduct, omdat ons perspectief ook vanuit het eindproduct de aandacht richt.

Wat we moeten leren is om ons te vereenzelvigen met de innerlijke Bron. Deze vereenzelviging met de Bron, de Essentie, God, maakt dat we ons gelukkig en vreugdevol voelen, hoe het eindproduct er ook uit ziet, wat er ook gecreëerd is. Aandacht die gericht wordt vanuit het bewustzijn van de Essentie, waarvan ons wezen deel uitmaakt, kan alleen vanuit Eenheid, heelheid en welzijn gericht worden. Er is geen verdeeldheid of onvolmaaktheid vanuit de Bron.

Wat is er eerst?
Als we ons vreugdevol voelen, is de manifestatie van de schepping voor ons ook een uiting van vreugde, geluk en overvloed. Als we ongelukkig zijn, ook als we denken iets nuttigs, nobel of goed te doen, kan het resultaat ons nooit echt vreugde geven. Je zou kunnen zeggen: "als de reis niet vreugdevol is, kan de eindbestemming dat ook niet zijn". Maar als de reis vreugdevol is, is de eindbestemming dat ook.

We kunnen erachter komen dat de eindbestemming in wezen niet zo belangrijk is omdat het er om gaat hoe we de reis maken. We kunnen leren vreugde te beleven bij elke stap die we in ons leven zetten, ook al weten we dat we nog lang niet bij onze eindbestemming zijn. We kunnen er achter komen dat er zelfs geen eindbestemming is. Er verschijnt altijd een nieuwe horizon waar we naar verlangen. We kunnen echter wel stellen dat we bij iedere stap die we nemen op onze levensweg de kans krijgen om ons uitgangspunt bij te stellen. We kunnen nooit vat krijgen op het beginpunt, het is wat dat betreft totaal onbelangrijk hoe en van waaruit we starten. Maar elk startpunt vanuit het Nu, het heden, geeft ons de kans op een reis vanuit het perspectief van Eenheid.

De beleving van Essentie en Eenheid kan altijd "alleen vandaag". We kunnen bijvoorbeeld jaren achter elkaar elke week een spiritueel geschrift lezen en merken dat we elke keer weer een ander inzicht hebben dat afhankelijk is van onze innerlijke staat op dat moment. Afhankelijk van waar we op dat moment open voor zijn. We kunnen heel lang iemand kennen en op een dag in verwondering opengaan voor iemands wezen, en liefde en vriendschap ervaren.

Wat is ons eigenlijke werk?

Het werk dat we verrichten in de schepping is niet dat ploeteren om iets voor elkaar te krijgen, maar is in feite het werk dat we doen om onze gevoelens naar eenheid en verbondenheid te richten. Heel de schepping zal dan volgen. Als we dit eenmaal gaan ondervinden in het leven dan is onze kijk op werk voorgoed veranderd. Dat betekent niet dat er geen actie meer hoeft te zijn, we zijn tenslotte geboren in een wereld waarin we onszelf fysiek willen beleven en tot uitdrukking willen brengen. Het betekent wel dat actie vanuit een ander perspectief gedaan wordt. We kunnen dingen doen omdat we bijvoorbeeld denken iets voor elkaar te moeten krijgen of te veranderen, of we kunnen dingen doen omdat we weten dat we dan meer open zullen zijn en zo beter in staat te ontvangen wat we willen.

Het belangrijkste is dat we handelen eenvoudig om de vreugde die het in ons opwekt, en de bijdrage die het levert aan het grote geheel. We kunnen beginnen te ontdekken dat het niet uitmaakt welk werk we in de wereld van alledag doen. Het belangrijkste van werk is niet wát het is maar dat het gedaan wordt op het moment dat het vanzelfsprekend is dat het gebeuren moet.

Ons totale zijn is meer dan de mens die we hier op aarde zijn

We kunnen een nieuwe uitdaging aangaan door te beseffen dat wij meer zijn dan alleen de mens die hier op aarde rondloopt. Veel mensen hebben daar ook een vermoeden van of hebben van dat meer wel eens iets ervaren.

Dat andere deel van ons, dat niet door het fysieke lichaam of de individuele geest beperkt wordt, verliest nooit het contact met onze reden om hier op aarde te zijn, namelijk in Eenheid volledig aanwezig zijn. Daarom kan het voor ons onbegrijpelijk zijn waarom we een bepaald leven, bepaalde levenservaringen en uitdagingen gekozen hebben vanuit het perspectief van ons totale wezen. Het deel van ons dat op aarde rond loopt vergeet vaak dat het leven hier een uitdaging is om onder alle omstandigheden verbonden te zijn met de totaliteit van het leven, en deel te nemen aan de ontvouwing van het leven zoals het is.

De totaliteit van het leven namelijk Essentie, energie, geest en schepping, is niet iets wat ooit geschapen is en nu af is, maar toont zich steeds anders en wij zijn daar een deel van. Elke keer worden we geboren met een sluier tussen wie we hier in het menselijke leven zijn en wie we in werkelijkheid zijn en elke keer is het leven een uitdaging om ons te herinneren wie we echt zijn.

We zijn oneindig groter dan onze menselijke persoonlijkheid in dit moment in dit leven. Wanneer we dat gaan beseffen en verbinding gaan ervaren met dat grotere deel van onszelf gaan we het leven op een totaal andere manier beleven.

Hoe kunnen we in die Eenheid zijn?
Hoe beter we in staat zijn om met onze Essentie verbonden te zijn, één te zijn, hoe gemakkelijker onze wensen en verlangens tot stand komen in dit leven.

Hoe weten we dat we met onze Essentie verbonden zijn? Op een groot gedeelte van onze spirituele weg is Eenheid onlosmakelijk verbonden met ons bewustwording van welke verlangens en wensen eigenlijk echt vanuit ons gesteld worden en welke wensen en verlangens niet bij onze oorspronkelijke natuurlijke uiting in dit leven horen.

Het is een heel ander gevoel om een wens te uiten die niet bij onze oorspronkelijke natuur hoort met als gevolg dat er twijfel, verdeeldheid en onvermogen in ons op komt of een wens te uiten vanuit ons diepste zelf - zonder twijfel, verdeeldheid of schuldgevoelens - maar uit een gevoel van vreugde en vertrouwen dat deze specifieke wens bij ons past en vanzelfsprekend op de juiste tijd in vervulling kan gaan. Kijk naar een kind dat zonder schroom en in onschuld iets kan wensen. Het heeft eigenlijk de vervulling van zijn wens niet nodig om op dat moment blij en gelukkig te zijn, omdat het nog dicht bij zijn oorspronkelijke natuur is. Er is vertrouwen dat het goed is en goed komt.

We kunnen voelen dat we met Eenheid verbonden zijn
Onze gevoelens zijn de graadmeter voor onze ervaring van de Essentie. Ons allerbelangrijkste werk in de schepping is om wat er ook gebeurt in het uiterlijke leven in ieder geval altijd met de Essentie verbonden te zijn, of althans die richting op te gaan.

Het is belangrijker om ons werkelijk goed te voelen dan om iets te doen waarvan we denken dat het nobel en nuttig is terwijl het niet goed voelt. Vaak is het zo dat we in een onprettige situatie waarin we ons zorgen maken er beter aan doen om ons eerst te richten op iets wat ons voldoening en vreugde geeft in plaats van ons voortdurend zorgen te maken over de onprettige situatie. Op het moment dat we ons hebben gericht op iets wat ons voldoening geeft zijn we meer open en in feite beter afgestemd op de oplossing van onze huidige problemen. In een ogenschijnlijk hopeloze situatie is er altijd een keuze tussen dat wat beter en dat wat slechter aanvoelt. Het resultaat van deze keuze hoeft niet perse grandioos te zijn. Het hoeft slechts een kleine stap te zijn maar het gevolg van deze stap is dat we open zijn voor verbetering en oplossing. We gaan dan de goede richting uit.

De twee uitersten: verbondenheid en niet verbonden zijn
Vreugdevol, helder, open, liefdevol, dit zijn een paar mogelijkheden die aangeven dat we verbonden zijn met de Essentie. Depressief, krachteloos, angstig, dit zijn toestanden die aangeven dat we geen verbinding met de Essentie voelen. Tussen deze twee uitersten liggen ontelbaar veel nuances van verbonden zijn en niet verbonden zijn.

In feite zijn we nooit van de Essentie van het leven afgescheiden. Wel kunnen we het als zodanig ervaren. Onze gevoelens stemmen van dat deel van ons dat nooit die afgescheidenheid van Essentie beleeft. Gevoelens zijn als een kompas. Ze laten ons weten hoe goed of slecht we op koers varen. We kunnen leren onze gevoelens op waarde te schatten. Negatieve gevoelens zoals depressiviteit, angst of krachteloosheid zijn geen straf omdat we iets verkeerd doen maar signalen die ons doorgeven dat we handelen vanuit een perspectief in het leven dat eigenlijk niet meer voldoet, waaraan we al ontgroeid zijn en dat ons niet zal brengen naar de vervulling van onze wensen. Positieve gevoelens laten ons weten dat we in de goede richting kijken, dat we dat doen wat bij ons en de situatie waarin we ons bevinden past, dat we met de stroom van het leven meegaan.

Ook het voelen kan vanuit verschillende perspectieven beleefd worden

Wij hebben ook met ons gevoel de mogelijkheid om vanuit de Essentie te ervaren, of alleen vanuit de al bestaande toestand in de schepping. Hoe meer we open zijn voor de Essentie, en daarmee de Essentie van ons wezen, hoe beter we vanuit daar kunnen voelen. Voelen vanuit de Essentie is echt stil zijn.

Essentie heeft geen vorm, maar alle vorm is er in besloten. Voelen vanuit Essentie heeft ook geen vorm, het is stilte, maar alle gevoelens zijn er in besloten.

In eerste instantie zullen we altijd op zoek moeten gaan naar dat wat ons gelukkig maakt, omdat we zo verbinding met onze Bron voelen. Later, wanneer we gaan begrijpen dat we gelukkig kunnen zijn zonder afhankelijk te zijn van wat de wereld - bijvoorbeeld onze vader, moeder, echtgenoten, werkgevers, bankrekeningen, netwerken, vriendenkringen enz - ons wel of niet kan brengen, verandert ook de kwaliteit van ons geluk. Geluk dat niet afhankelijk is van wat er ook verschijnt is het geluk dat werkelijk een zuivere uiting van de Essentie is.

De ultieme ervaring van Essentie in een mensenleven is uiteindelijk ook onafhankelijk van de aanwezigheid en het beleven van geluk. Het scala van gevoelens is ons kompas op onze ontdekkingsreis naar de beleving van ons totale zelf, maar daar eenmaal aangekomen is het vasthouden aan gevoelens als een schip op open zee dat met zijn anker vastzit in de bodem terwijl het vrij wil varen.

Hoe komen we van het ene uiterste naar het andere?
Het is bijna onmogelijk om direct van krachteloosheid naar vreugde en stilte te gaan. Daarom moeten we onszelf de tijd gunnen en onderzoeken waar we nu zijn. We kunnen tevreden zijn als we van pure depressie naar kwaadheid zijn gegaan! Het betekent dat we weer een stap dichter bij een vreugdevollere staat zijn. Kwaadheid is geen toestand om in te blijven hangen, maar het geeft ons op sommige momenten, bijvoorbeeld wanneer kwaadheid meer verbinding oplevert dan bijvoorbeeld angst, de mogelijkheid om verder te groeien. Er zijn altijd maar twee keuzes te maken; voel ik me beter als ik me hierop richt, dit geloof, dit kies, dit beleef, dit doe, of voel ik me slechter.

Wie moet het doen?
De enige in ons leven die ons werkelijk dichter bij ons meest innerlijke zelf kan brengen zijn wij zelf, er is namelijk niemand anders die ons leven vanuit ons eigen perspectief kan ervaren. We kunnen leren het leven te accepteren als onze eigen spiegel, als het resultaat van het mengelmoes van onze wensen, weerstanden en blokkades. We hoeven ons door niemand te laten dicteren hoe dit kan gebeuren. We kunnen trouw blijven aan onze eigen ervaring en beleving, hoe gek, moeilijk, vreemd of normaal de weg ook is. We kunnen bij ons zelf blijven, er is niemand anders die dit voor ons kan doen. Wie werkelijk trouw blijft aan zichzelf schaadt de wereld niet maar is in harmonie met de eindeloze diversiteit waarin de mensheid zichzelf ontdekt en beleeft.

Waardering en dankbaarheid
Als we elk positief aspect in ons leven waarderen en er dankbaar voor zijn, worden juist die aspecten in ons leven vergroot. Hoe hopeloos de situatie ook is, waardering en

dankbaarheid zijn de lijnen waaraan we onszelf uit de misère naar boven trekken. We kunnen onderscheiden wat we in het leven wel en niet willen en ons vervolgens richten naar dat wat we wel willen, terwijl we dankbaar zijn voor dat wat al vorm kon krijgen.

Manifestatie van de schepping; alle wensen worden uitgevoerd

Onze wensen en verlangens worden naar de letter uitgevoerd. Er is geen God op de troon die uitmaakt welke wens wel of niet toepasselijk en uitvoerbaar is. Er is maar één wet en dat is "alle wensen worden uitgevoerd". Dat betekent dat we op een dag uitvoerig moeten stilstaan bij de manier waarop onze wensen de schepping ingaan. De wens: "ik wil gelukkig zijn" ziet er heel anders uit dan "ik wil gelukkig zijn, maar mijn situatie is hopeloos" of "ik wil gelukkig zijn maar ik heb geen goede baan", of "ik ben gelukkig".

We kunnen denken dat de zin "ik ben gelukkig" geen wens is. Het is echter zo dat ons hele persoonlijke gedachtegoed, alle bewegingen in onze geest, al onze positieve, negatieve, bewuste en onbewuste gedachten samen, één groot wensenpakket is. Al onze bewuste en onbewuste verlangens zijn verweven in ons gedachteleven en daarmee onze benadering van het leven. De schepping maakt geen verschil in positieve of negatieve benaderingen. Al onze uitspraken ten aanzien van onze specifieke wensen worden uitgevoerd, dus ook alle beperkingen en tegenstrijdigheden die we onszelf opleggen.

De schepping kent geen nee. De schepping, waarvan wij al oneindig, ondenkbaar eeuwig deel uit maken, kent wel wetten en daarmee mogelijkheden, waarmee ze tot uitdrukking gebracht kan worden.

Op een niveau en in een dimensie die we ons op dit moment niet bewust kunnen ervaren hebben we volkomen met deze universele wetten ingestemd.

Iedereen die zich inspant om zich deze universele wetten weer te herinneren ziet zich beloond door een diepere harmonie en volmaaktheid die zich in zijn leven kan tonen, als hij zijn handelen en denken hiermee in overeenstemming brengt.

De wet van de aantrekkingskracht
Een andere belangrijke wet ten aanzien van onze wensen en verlangens is de wet van de aantrekkingskracht. "Het gelijke trekt het gelijke aan". Onze wens kan niet uitkomen als de vibratie van onze gevoelens en ons wezen op dit moment niet met onze wens in overeenstemming is. We zijn dan niet in staat te ontvangen. Daarom is het belangrijk dat we in de eerste plaats werken aan de manier waarop we ons voelen. We kunt namelijk wel wensen gelukkig te zijn, maar als we ons ongelukkig voelen is dat "ongeluk" steeds weer de toestand die we naar ons toetrekken.

We kunnen ons zelf zien als een altijd werkende zendmast
Als we altijd beperking en ongeluk uitstralen is dat wat we krijgen en wat we ontmoeten. Omdat beperking en ongeluk op dat moment bij ons horen als het geld in de portemonnee van een vrek. Ze zijn onafscheidelijk. Zo kleeft onze verwachting van beperking en ongeluk in het leven aan de aandacht die we richten en de energie die we te besteden hebben. De wereld ziet er vervolgens zo voor ons uit, hoeveel wensen we ook uiten die om geluk en voorspoed vragen.

Wanneer hebben we?
In de Bijbel staat: "Zij die hebben zal gegeven worden". Daarom kunnen we zorgen dat we klaar zijn om onze wensen te ontvangen, we kunnen ons ervan bewust zijn in welke staat we verkeren en dat doen en denken wat gelukkig maakt, dan zijn we in de meest open en ontvangende staat om die vorm van geluk die we verlangen ook in zicht te krijgen.

Als we al gelukkig zijn voordat onze wens uitkomt, dan "hebben we". Dit is een staat waarin we vertrouwen tonen en los kunnen laten, de beste manier om te ontvangen. We kunnen kijken naar de emotionele staat waarin we verkeerden toen we iets wat we wensten ook ontvingen. Toen hebben we onze wens geuit, en onze gevoelens daarmee in overeenstemming gebracht. Vervolgens hebben we het losgelaten, zodat we open waren om te ontvangen. Op dat moment kon de schepping zich naar onze wens voegen. De juiste mensen kwamen op ons pad, de juiste gelegenheid deed zich voor, de juiste inspiratie en de juiste handelingen kwamen eruit voort. Het ging vanzelfsprekend.

Kunnen we iemand anders kwetsen of benadelen?
We hoeven niet bang te zijn dat ons geluk een ander schaadt. Geluk en vrede zijn staten van verbondenheid. In deze staat kunnen we niemand anders kwetsen. We kunnen wel boven de beperkingen uitgroeien die anderen ons opleggen. Ten eerste omdat we leren onze aandacht te richten op datgene wat gewenst is. Dit geldt natuurlijk niet alleen voor objecten en toestanden maar ook voor persoonlijke relaties, situaties waarin we met mensen moeten omgaan en onze sociale omgeving. Ten tweede omdat anderen reageren op onze verwachting van en reactie op het leven. We reageren over het algemeen heel anders op iemand die het slechtste in ons verwacht dan op iemand die het beste in ons verwacht.

Alles waar we aandacht aan geven dat groeit
Als we onze aandacht alleen op iets richten dat we niet willen, dan geeft de schepping ons precies dat wat we niet willen. Als we *ja* zeggen tegen iets krijgen we dit en als we **nee** zeggen tegen iets krijgen we dat ook. Het is de aandacht die het doet, niet de bevestiging of de ontkenning. Mensen die erg bang zijn voor agressie belanden steeds in situaties waar agressie heerst. Het zijn niet alleen honden die "ruiken" dat iemand bang is, heel de schepping reageert op verwachting van agressie.

Ons werkelijke aandeel in creëren

Ons gevoel is de graadmeter die aangeeft hoe open de staat is waarin we verkeren, en daarmee ook de graadmeter die ons laat zien of we onze wensen en verlangens beperken of ze doen uitkomen. De schepping doet de rest. Al ons werk en inspanningen horen bij het spel van de schepping. Hoe eerder we ontdekken wat ons werkelijke aandeel is – ons gelukkig en vreugdevol voelen zodat de Essentie, het leven, onbeperkt door ons heen kan stromen – hoe eerder we ontdekken dat verlangens spelenderwijs uitkomen. Een mens die in de staat verkeert dat hij zich volkomen vereenzelvigt met de Innerlijke Bron en niet meer met het "doen" in de schepping, is verlicht. Dat neemt niet weg dat het leven van deze mens er net zo uit kan zien als het leven van ieder ander. Aan de buitenkant ziet een verlicht mens er niet anders uit, en handelt misschien net zo als alle anderen.

We willen doen

Het is moeilijk voor ons om niet voortdurend te denken dat wij de dingen maken met onze handen en ons verstand. We willen graag de doener zijn, maar pas op het moment dat we "niets" doen, vertrouwen hebben in de werking van de schepping en intussen gewoon gelukkig zijn, staan we helemaal in verbinding met onze Essentie en wordt er niet meer gezwoegd en gezweet. Als we dan handelen is het vanuit de vanzelfsprekende uiting van deze vreugdevolle innerlijke staat. Actie is op dat moment een natuurlijk gevolg van onze wensen en gedachten.

Er zijn twee soorten handelen in het leven. Ten eerste: handelen als beweging in de schepping, we zijn druk bezig met de dingen. Ten tweede: handelen als vanzelfsprekende beweging vanuit de Essentie, dit is wat men in veel spirituele kringen het 'niet-doen' noemt. "Niet-doen" is dus niet "niet handelen en stilzitten" maar "handelen vanuit de Essentie". Geen sturing vanuit ons kleine ik, maar vanzelfsprekendheid vanuit ons grote Ik: 'het Zelf' of de Essentie.

Hoe handelen we vanuit het grote Ik?
Hoe weten we wanneer we handelen vanuit het kleine ik of handelen vanuit het grote Ik? Er is eigenlijk maar één ik en dat is het grote Ik. Op het moment dat we volkomen vanzelfsprekend datgene kunnen doen wat bij onze specifieke natuur hoort en daar verder geen gedachten meer aan wijden, er niet beschaamd over zijn, er niet trots op zijn, kortom er niet mee geïdentificeerd zijn, handelen we vanuit het grote Ik.

We kunnen ons dan afvragen waar alle pogingen om een beter, meer altruïstisch, spiritueler of zuiverder leven te leiden toe dienen als we toch alleen maar natuurlijker moeten leven. Het blijkt dat het in de praktijk minder makkelijk is dan wij denken om bij de ware en natuurlijke uiting van onze innerlijke natuur te komen. Al onze pogingen om zuiverder en beter te leven, om goed te doen, zijn als zodanig niet belangrijk maar hebben de functie om onze ware aard te kunnen gaan beleven.

De schepping is een uiting van Essentie
We maken deel uit van één groot levend geheel dat beweegt, verandert en met elkaar in verbinding staat. Dit grote levende geheel is een immense overweldigende schitterende uiting van de Essentie van waaruit het voortkomt. Al onze wensen en verlangens zijn uitingen van dat groeiende geheel, en daarom zijn ze er helemaal mee in harmonie.

Dat neemt niet weg dat er wensen zijn die ons meer of minder bewust maken van de mogelijkheid om in Eenheid te zijn. Alleen wijzelf zijn in staat om dat onderscheid te maken. Ook de wensen die ons blokkeren zijn geheel in overeenstemming met Essentie omdat dit volkomen in overeenstemming is met vrijheid, de enige toestand waarin we Eenheid überhaupt kunnen beleven.

In deze vrijheid kunnen we onszelf als een ongelukkig schaap in het prikkeldraad van een eindeloze beperkende ketting van blokkerende wensen wikkelen en in deze zelfbeperking de grassprieten die ons nog ter beschikking staan als onze vrijheid voor stellen. Maar we kunnen er ook voor kiezen vrijheid in harmonie met het grote geheel te beleven, de meest zuivere uiting van die vrije wil.

De innerlijke weg

Als we een wens hebben, wordt deze wens gemanifesteerd op het moment dat onze vibratie in overeenstemming is met die wens. Dit is de innerlijke weg. Richten we onze aandacht alleen op wat er wel of niet is, laten we onze stemming daardoor beïnvloeden, denken we dat onze actie de bepalende factor is voor succes of falen in het leven, dan bewandelen we de uiterlijke weg. Door ons op de innerlijke weg te concentreren wordt de uiterlijke weg een spel dat we van harte mee spelen. Met dit spel nemen we op de meest vreugdevolle en bewuste manier deel aan het leven. Al onze wensen zijn dan wel vanuit ons zelf tot stand gekomen, alleen niet via het beperkte ego, maar deelnemend aan het grote geheel.

De ultieme vreugde is vrijheid in bewustzijn

Als we ongeacht de toestand in het leven vanuit de Essentie kunt beleven zijn we werkelijk vrij. Het succes van een leven is uiteindelijk nooit aan de uiterlijke kenmerken af te lezen. We kunnen medelijden hebben met iemand die in een tsunami omkomt, maar het is onmogelijk voor ons om te beleven hoe iemand dit heeft ervaren. Het is altijd mogelijk om volkomen open, vrij en in verbinding met de Essentie zo'n ramp te ondergaan, dat is werkelijke vrijheid.

Eigenlijk is de ultieme vrijheid niet alleen een staat waarin elke toestand aan de Eenheid herinnert, maar ook een staat waarin elk gevoel met Eenheid verbonden is. De ultieme vrijheid is de zuivere Eenheidsbeleving, los en onafhankelijk van elke uiterlijke en innerlijke toestand. Alhoewel vrede, vreugde en helderheid uitingen zijn van de Essentie kunnen we in vrijheid deze eenwording zelfs beleven als we willekeurig welke andere emotie ook ondergaan.

Conclusie
Essentie, energie en schepping zijn onlosmakelijk met elkaar verbonden. Het is de totaliteit van leven. Het een bestaat niet zonder het andere. Wij zijn in staat om op verschillende niveaus deze totaliteit in harmonie te beleven, te creëren en te zijn.

De beleving van deze totaliteit door de weg van Reiki gebeurt door onze energie te zuiveren. Dat betekent dat we bereid moeten zijn energie te laten stromen. We hoeven ons niet te bemoeien met de vraag hoe dat dan precies gaat maar we kunnen wel openstaan voor energie die stroomt zoals ze van nature wil stromen. Want alleen energie die natuurlijk stroomt kunnen wij ervaren als energie die verbonden is met Essentie. We kunnen zelfs een staat beleven waarin Essentie, energie en wijzelf één zijn. Er is dan geen onderscheid meer in datgene wat we eerst in gescheidenheid en vervolgens in verbondenheid kunnen beleven.

WAT IS REIKI?

Wat betekent het woord Reiki?
Reiki is een Japans woord dat op verschillende wijzen vertaald kan worden, bijvoorbeeld als oerpotentie, universele energie, licht-energie, zonne-energie of levensenergie. Reiki is een andere naam voor de energie waaruit alles wordt gevormd en is een directe zuivere uiting van de Essentie. Die energie is altijd en overal aanwezig en beschikbaar.

Onze beginsituatie
Toen we werden geboren waren velen van ons in een toestand dat deze verbinding tussen energie en Essentie er was. We beleefden Essentie, geest en lichaam als een ondeelbare eenheid en in deze toestand waren we ook volkomen verbonden met al het andere leven. Met andere woorden, we voelden niet alleen in onszelf een eenheid van Essentie, geest en lichaam, maar we voelden ook de grote eenheid van alles, maar de meesten van ons waren zich daar niet van bewust.

Werken met Reiki
Vanaf het moment dat we in onze ontwikkeling gingen benoemen en onderscheiden, en dat we ons "ik" met alles erop en eraan gingen ontwikkelen, vanaf het moment dat we het contact met ons gevoel als graadmeter voor ons contact met de Essentie verloren en we langzamerhand de uiterlijke wereld als enige werkelijkheid gingen zien, verloren we stap voor stap deze verbinding. Werken met Reiki geeft ons de mogelijkheid de verbinding tussen Essentie, geest en lichaam weer te gaan beleven en energie weer te voelen stromen.

Tekort aan Reiki ervaren we met de geest
Het ervaren van een tekort aan Reiki, of levensenergie, komt voort uit de werking van de geest. Ook als we de eenheid van lichaam, geest en Essentie niet erkennen, of er niets van afweten, werken ze toch op elkaar in. Bij een

genezing door Reiki wordt deze eenheid bewust gemaakt. Dat wil zeggen dat de energie weer mag stromen zoals bedoeld is. Een genezing die via een Reiki behandeling plaats vindt, heeft zijn oorsprong in het heel worden van de geest.

Hoe werkt Reiki?
Reiki kan naar gelang iemands behoefte verschillende vormen aannemen, en zo inwerken op spiritueel, rationeel, emotioneel of fysiek niveau. Reiki werkt aan de kern van iemands probleem. De kern van ons probleem ligt nooit in onze uiterlijke toestand, hoe beroerd de omstandigheden er ook uitzien, hoe ziek, arm en ongelukkig we ook zijn. De kern van het probleem ligt in ons onvermogen om gelukkig te zijn, onafhankelijk van de uiterlijke omstandigheden. We vergeten snel dat datgene wat we meemaken en ondergaan een precieze afspiegeling van ons innerlijk proces is.

Willen we onze uiterlijke toestand veranderen, dan moeten we eerst onze innerlijke toestand veranderen. Werkelijk innerlijk veranderen en helen is verbinding voelen met de Essentie. Want alleen als we de Essentie binnen voelen, kunnen we de Essentie buiten in de manifestatie van de schepping ook ervaren. Reiki is die energie die in verbinding met de Essentie is, energie die altijd ongehinderd stroomt, altijd overvloedig aanwezig is. Het is energie in haar zuiverste vorm die geen enkele voorwaarde nodig heeft om te stromen maar er altijd voor ons is zodra we er open voor staan, het is onvoorwaardelijke liefde, bewuste liefde, de essentiële bouwstof van de schepping.

DE TRADITIE

Is er een begin?

We kunnen ons verliezen in de geschiedenis van een systeem en ons druk maken over wie er eerst was, wie het systeem het beste overbrengt, wie de meeste technieken gebruikt of wie de beste opvolger is. We kunnen ook gewoon vertrouwen op onze intentie om te leren hoe we spiritueel kunnen helen en erop vertrouwen dat we de leraar krijgen die bij ons past.

Het verhaal over Usui in het westen

Het eenvoudige verhaal van de geschiedenis van Usui dat men in het Westen lang te horen kreeg, is een poging om een eenvoudige heldere boodschap over te brengen: "door goddelijke inspiratie ontving Usui kennis om te helen en te genezen, deze kennis is oeroud en voortgekomen uit Boeddhistische traditie". In het begin werd Usui zelfs als Christen voorgesteld. Dit is niet verkeerd, het is eenvoudigweg een aanpassing in de tijd, plaats en omstandigheid om kennis die waar en goed is over te brengen.

In de tijd dat Usui zijn methode ontwikkelde waren er méér mensen die op een vernieuwende manier met healing, energie en spiritualiteit bezig waren, en regelmatig hebben zij elkaar beïnvloed. Usui gaf ook geen kennis door die hij in één visioen geopenbaard kreeg, maar deed er verschillende jaren over om zijn kennis, inzicht en technieken te verdiepen en te ontwikkelen. In die zin is het niet nodig om hem op een voetstuk te zetten en te vereren. We kunnen hem beter navolgen en zelf ook verantwoording nemen voor onze ontwikkeling.

Ontwikkeling in het westen

Mensen waren in het Westen, zeker in het begin van de kennismaking met Reiki, meer gefixeerd op de puur genezende werking van Reiki en niet zozeer op de totale ontwikkeling van de mens die veel verder reikt dan lichamelijke en ego gerichte genezing. Bij gebrek aan volledige informatie gingen velen, door het werk met Reiki geïnspireerd, op zoek naar een aanvulling die de discipline van spiritueel werk kon verdiepen. Anderen zochten behalve naar spirituele verdieping ook naar technieken die zuiver gericht zijn op het genezende werk van Reiki. Sommigen vonden dat terug in de Japanse technieken en disciplines die uit de school van Usui voortkwamen, anderen deden dit door zich met andere disciplines te verbinden.

Het uiteindelijke doel van de weg van Reiki

In wezen doet het er minder toe welke technieken we gebruiken, en al helemaal niet welke filosofie of welke godsdienst we belijden. Het is wel van belang dat we het uiteindelijke doel van de weg van Reiki niet uit het oog verliezen, namelijk het in harmonie zijn met ons totale Zelf, lichaam geest en ziel. We kunnen dit doel om vele redenen uit het oog verliezen, hier zijn een paar belangrijke struikelblokken:

- We kunnen ons te strikt aan de cursus of opleiding houden die wij geleerd hebben, en ons zelf zo niet toestaan verder te groeien, hetzij in techniek, hetzij spiritueel.
- We kunnen ons zelf verstrooien door steeds meer technieken en filosofieën te bestuderen, terwijl we ons zelf niet de kans geven tot verdieping te komen.
- We kunnen denken dat de ene manier, techniek of cursus de juiste manier is. Op individueel niveau kan de ene manier meer betekenen dan de andere, maar er is niet voor iedereen één beste manier. Het is de persoonlijke inspanning die maakt dat ontwikkeling via een bepaalde weg mogelijk is. Het is juist de kunst om ondanks, maar ook dankzij de kennis die we opdoen, open te blijven staan voor de ervaring. Dat is uiteindelijk waardoor kennis levend blijft, en altijd en in elke situatie toegepast kan worden.

- We kunnen vergeten dat het succesvol toepassen van een spiritueel, filosofisch of op healing gericht systeem leidt naar het oplossen en niet naar het verstevigen van een systeem. De juiste weg van een systeem maakt het systeem uiteindelijk overbodig. Dit wil niet zeggen dat het systeem het raam uit gegooid moet worden. Een leraar, dus ook een Reikimaster, zal in het lesgeven altijd gericht moeten zijn op het niveau en de capaciteiten van de leerlingen. Het systeem is in die zin niet overbodig. Maar het zal toch te merken zijn of een leraar boven het systeem is uitgegroeid, en tot de essentie, de eigenlijke directe ervaring zonder tussenkomst van een systeem, is gekomen, of dat de leraar zelf nog verstrikt is in het systeem.

Werken volgens een systeem
In het proces dat in het ideale geval op gang gebracht wordt, komt iemand door het werken met een systeem steeds dichter bij de directe ervaring en beleving. In het werken met Reiki volgens welk systeem of methode ook, zal dit te maken hebben met het directe werken met en ervaren van Reiki in de hoedanigheid van universele liefde. De bijdrage die we vervolgens aan de verdieping van het systeem kunnen geven is van onschatbare waarde.

Waarom we het systeem niet terzijde hoeven te schuiven heeft ook te maken met de realiteit van het "in de vorm, in de schepping zijn". Zolang er vorm is, is er orde, discipline en inspanning nodig, op welk gebied ook, om tot inzicht te komen. De persoonlijke discipline en inspanning, dat wil zeggen de discipline die uit ons eigen verlangen om te groeien voortkomt en niet vanuit het systeem of door een leraar opgelegd wordt, zullen een systeem ook levend houden, dat wil zeggen verbonden met de Essentie. Een systeem kan in werking worden gezet door een verlicht iemand, maar de waarde van een systeem kan alleen ervaren worden in de huidige toestand, het heden, waarin degene die verbonden zijn met een systeem zich de kennis die zij verkregen hebben eigen maken en er telkens een nieuwe invulling aan geven.

Waarom is een cursus Reiki nodig?
We kunnen ons afvragen waarom we een cursus Reiki moeten doen om in contact te komen met onze vermogen om te helen want dit vermogen is toch in ieder mens al aanwezig? Dat is zo, maar niet iedereen is in staat om dit bewust te uiten. Ieder mens is in zijn persoonlijke ontwikkeling vrij om datgene uit te kiezen wat hem verder helpt en zijn vermogens blootlegt, zodat hij ermee werken kan. Een Reiki-inwijding is een manier om contact te maken met de innerlijke genezer en open te gaan staan voor pure levensenergie. Een inwijding werkt als een katalysator die blokkades om te kunnen gaan helen voor je wegneemt. Dat neemt niet weg dat in feite wijzelf altijd degene zijn die het eigenlijke werk verrichten. Dus ook het wegnemen van die blokkades doen we eigenlijk zelf, we krijgen alleen even een duwtje in de rug om het te doen.

Wat is het voordeel om ingewijd te worden door iemand die in een traditie staat? Je in een traditie begeven moet altijd in vrijheid ondernomen worden. Zodra we denken dat we buiten een traditie zwakker staan, of dat de ene traditie beter is dan de andere, zijn we al weer van de natuurlijke levensstroom afgesloten. Dit soort negatieve overwegingen komen uit angst voort. We kunnen wel ontdekken dat de ene traditie ons meer aanspreekt dan de andere, maar dat is voor iedereen een persoonlijke zaak. De vrijheid om in een traditie ingewijd te worden heeft te maken met onze persoonlijke voorkeur en daarmee ons openstaan voor de kracht, toewijding en intentie van vele mensen vóór ons waarmee we verbinding kunnen voelen als we ingewijd zijn. We zijn als het ware de volgende generatie die verdere verdieping en inzicht toevoegt aan een lange lijn door de geschiedenis, waarbij we gesteund worden door alle ervaring en inzicht die er al is opgebouwd en verkregen.

HET LEVEN EN DE SPIRITUELE ONTWIKKELING VAN MIKAO USUI

Usui werd op 15 augustus 1865 in Yagu, in de prefectuur Gifu geboren. Zijn familie behoorde tot de Tendai, een esoterische sekte uit het Boeddhisme. Toen Usui 4 jaar was, werd hij voor zijn opvoeding naar een Tendai klooster gestuurd. Later studeerde Usui literatuur, hij was een groot liefhebber van poëzie. Hij leerde en sprak meerdere talen, en bestudeerde religie en filosofie. Vanuit de sociale klasse waar hij in geboren werd, de hoogste kringen van de Shoguns leerde hij verschillende vechtkunsten te beheersen.

Usui leefde in een tijd waarin Japan grote veranderingen onderging. Het oude feodale systeem veranderde in een geïndustrialiseerde maatschappij. De Meji keizer veranderde het systeem van de Shoguns, en de feodale staten werden onder de directe leiding van een centrale regering gesteld. Usui's vader Uzaemon was een enthousiast volgeling van de nieuwe regering en had progressieve politieke ideeën. Usui, die een groot respect voor zijn vader had, volgde hem hierin. Ook bestudeerde hij westerse geneeskunde en was geïnteresseerd in moderne westerse wetenschap.

In zijn jonge volwassen jaren leefde Usui met zijn vrouw Sadako Suzuki en zijn twee kinderen in Kyoto. Hij was zakenman en had in dat beroep wisselend succes. In zijn spirituele zoektocht sloot hij zich aan bij een groep die zich 'Rei Jyutsu Kai' noemden. Deze groep had een centrum aan de voet van de berg Kurama. Deze berg wordt in Japan als een spirituele krachtplaats gezien, en Usui ging hier regelmatig mediteren. Tijdens een ziekte die Usui trof, had hij een 'bijna dood ervaring', waarbij hij visioenen kreeg. Deze gebeurtenis veranderde zijn levenshouding en wekte in hem een groot verlangen om esoterische healingmethoden te bestuderen. Hij sprak met zijn familie en priesters over zijn visioenen. Dat werd niet gewaardeerd en de toegang tot de tempel werd hem ontzegd. Vastbesloten meer inzicht over zijn visioenen te krijgen, zocht hij zijn toevlucht bij een leraar uit de Shingon traditie die hem als leerling aannam. De Shingon traditie is een andere tak uit het Boedchisme. Na enige jaren werd hij zelf een gerespecteerd Boeddhistisch leraar met een schare studenten. Zijn werk en spirituele lering waren gericht op healing en genezing. Hij had een groot verlangen om Boeddhistische heel methodes door te geven aan de gemiddelde burger die geen tijd en gelegenheid heeft om diepgaande studies te doen en lang in een tempel te verblijven. Tijdens een meditatieretraite op de berg Kurama kreeg hij hierover inzicht, een 'satori' belevenis. Na jaren studie en praktijk was hij in staat een methode te ontwikkelen die de essentie van deze Boeddhistische kennis en het eigenlijke werken met universele energie combineerde, later gaf hij het de naam Reiki. In 1922 opende Usui een kliniek waar hij mensen behandelde met Reiki. Hij bleef ook Boeddhistisch leraar, met een steeds groter wordende groep leerlingen. Hij ontwikkelde en verfijnde het Reiki-healingsysteem verder, en gaf hierin ook les. Usui was bevriend met verschillende mensen die allemaal vernieuwend onderzoek naar de werking en het gebruik van ki (energie) deden. Zoals Morihei Ueshiba, die Aikido ontwikkelde.

Op 1 september 1923 werden Tokyo en omgeving getroffen door de grote Kanto-aardbeving. Usui en zijn leerlingen gaven healing en genezing aan zoveel mensen dat zijn kliniek te klein werd. In 1924 bouwde hij een nieuwe kliniek in Nakano. Zijn naam werd bekend in heel Japan, en invitaties om zijn methode uit te dragen stroomden binnen. Usui vereenvoudigde zijn methode om tegemoet te komen aan de overweldigende belangstelling. Het drukke bestaan met het vele reizen eiste veel van de gezondheid van Usui. Op 9 maart 1926 overleed hij op 62-jarige leeftijd.

De meest vooraanstaande leerling van Usui was Toshihiro Eguchi. Voor de tweede wereldoorlog leerde hij duizenden mensen in Japan de 'hands-on' healing methode met Reiki. In 1925 werd Chujiro Hayashi een van de eerste niet-Boeddhistische leerlingen van Usui. Hij opende een Reiki-kliniek in Tokyo. De kennis, inzichten en methode van Usui veranderde hij enigszins en paste ze aan zijn eigen, meer medisch gerichte, aanpak aan.

Rond 1940 waren er verschillende Reiki-klinieken door heel Japan gevestigd. De meeste gaven de vereenvoudigde healing-methode door die Usui ontwikkeld had. De Usui Reiki Ryoho Gakkai is de Japanse organisatie die de Reiki healing-methode uitdraagt. Men kan alleen lid worden door uitgenodigd te worden door een al bestaand lid.

Kijkend naar de geschiedenis van het leven van Usui kunnen we de conclusie trekken dat healing voor hem onlosmakelijk met spirituele ontwikkeling samenging. Om dit te kunnen begrijpen kunnen we de Shingon traditie bestuderen en integreren in ons leven, maar dat is geen noodzaak. Het is belangrijker de essentie van deze houding en inzichten te ontdekken en te begrijpen dat healing onlosmakelijk met spirituele ontwikkeling verbonden is. Het staat dan ieder vrij om zijn eigen spirituele weg te gaan, aangepast aan deze tijd, plaats en omstandigheden.

Mikao Usui

DE VIJF LEEFREGELS VAN USUI

Shoufuku no hihoo
Manbyo no ley-yaku
Kyo dake wa
Okulu-na
Shinpai suna
Kansha shite
Goo hage me
Hito ni shinsetsu ni
Asa yuu gassho shite kokoro ni neji kuchi ni tonaeyo
Shin shin kaizen, Usui Reiki Ryoho
Chosso Usui Mikao

Shoufuku no hihoo – De geheime manier om gelukkig te worden

Manbyo no ley-yaku – De spirituele oplossing voor alle ziekten van lichaam en geest

Kyo dake wa – Iedere dag opnieuw:

Okulu-na (okuru) – Word niet kwaad

Shinpai suna – Maak je geen zorgen

Kansha shite – Wees dankbaar

Goo hage me – Werk hard

Hito ni shinsetsu ni – Behandel iedereen met respect

Asa yuu gassho shite kokoro ni neji kuchi ni tonaeyo – Zit in de ochtend en avond in gassho positie (of ontspannen en met rechte rug op een stoel) en herhaal deze regels hardop en vanuit je hart.

Iedere dag opnieuw
Deze zin spoort ons aan om in het nu te leven. "Vandaag zet ik mijn beste been voor, ik laat gisteren los. In het heden sta ik open voor het leven en doe mijn uiterste best. Doordat ik afstand neem van het verdriet en de mislukkingen van gisteren zie ik helderder waar deze uit voortkomen, en ben ik beter in staat verantwoording te nemen voor mijn gevoelens, gedachten en daden van vandaag. Elke dag is een nieuwe kans om het leven vanzelfsprekend en natuurlijk te beleven. Ook al lukte het gisteren niet, vandaag ga ik rustig verder."

Word niet kwaad
Het is niet de bedoeling woede niet te uiten of niet te erkennen. Woede die onderdrukt wordt, raast door geest en lichaam en richt daar schade aan. Woede is niet slecht, het is te prefereren boven depressie en angst. Het beste is er op toe te leren zien, te erkennen dat het er is, en te ontdekken waar het vandaan komt. Angst is verlammend, remmend en beperkend. Woede heeft meer kracht dan angst, het is kracht die naar blokkade en ongewenste toestanden is gericht en kan omgezet worden in kracht die naar welzijn en heelheid is gericht zodra we dat besluit willen nemen.

Bijna altijd komt woede voort uit een identificatie met de onvolmaakte manifestatie van onze wensen die ons gevoel van tekort, onrechtvaardigheid en frustratie versterken. Daar kunnen we naar leren kijken en dan wel of niet besluiten een andere weg te kiezen. Deze andere weg heeft te maken met het inzicht dat we krijgen over het directe verband tussen onze staat van zijn, bij wijze van spreken de "vibrationele mix" van al onze gevoelens, wensen en verlangens en datgene wat het leven ons voorspiegelt.

Als dit ons in de kleine dingen van het leven beter lukt omdat we ons er steeds meer van bewust worden hoe woede opgewekt wordt en hoe we er mee om kunnen gaan, dan zal deze houding ons in de grote problemen die we in het leven tegenkomen ook steeds meer helpen.

Aangezien bijna alle woede en agressie die in onszelf opgewekt wordt onze geest vertroebelt en onze kijk op het leven minder helder maakt, is het beter ook bij anderen geen woede op te wekken. Woede voedt woede. Vrede voedt vrede. Dit betekent niet dat we voortaan alles wat ons overkomt of ons wordt aangedaan moeten toestaan. We hoeven onaangename situaties of handelingen van anderen niet over ons heen te laten komen. Woede is echter een mechanisme dat geweld en agressie bij ons houdt. Een houding zonder woede houdt ons in het Nu, helder en klaar om op de beste manier te handelen en gericht te blijven op welzijn en vrede.

De ultieme verdediging zonder woede is het richten van de aandacht op iets wat we wèl willen zodat onze gevoelens daar mee in overeenstemming komen. Het maakt een groot verschil wanneer mensen tegen de atoombom protesteren en hun aandacht daarmee gericht hebben op iets wat kwaadheid en agressie opwekt, of dat ze een actie voor vrede voeren. Hun aandacht en hoop is dan op een nieuwe situatie van vrede gericht. Zo is het ook in ons persoonlijke leven. In een relatie kun we bijvoorbeeld beter gericht zijn op de eigenschappen van onze partner die ons vreugde geven zodat de relatie zich kan verdiepen, dan ons te richten op die eigenschappen die ons kwaad maken. Want op zo'n moment zijn we zelf ook niet open om geluk te ervaren. Als we ons aanwenden om ons in elke denkbare situatie altijd te richten op dat wat ons vreugde geeft, dan kunnen we als het ware ook niet meer in situaties terecht komen die kwaadheid opwekken. Onze "vibrationele mix" staat dat niet meer toe.

Maak je geen zorgen
Als we onze geest op de juiste manier gebruiken, gaan we het leven optimaal tegemoet. De geest is de onderscheidende en vormende kracht in de schepping. Het juiste gebruik van de geest wekt herkauwen over het

verleden en piekeren over de toekomst niet op, zodat we steeds vaker in het Nu kunnen leven. Dat betekent dat onze aandacht honderd procent gebruikt kan worden voor het leven dat direct voor ons ligt. Alles wat ons gisteren zo van streek of ongelukkig maakte heeft zijn uitwerking vandaag misschien ook, maar als we steeds meer leren om Nu totaal aanwezig te zijn, staan we vandaag open voor de oplossing van een probleem of de acceptatie van een feit.

Door onze geest te richten op datgene wat ons geluk doet ervaren, brengen we harmonie in de schepping zoals wij die persoonlijk ervaren. Deze harmonie is echt en heeft invloed op al het leven om ons heen. Als al het leven in feite met elkaar verbonden is, dan is alle geest dat ook. Als we ons denken blokkeren door ons voortdurend zorgen te maken blokkeren we ook ons leven. Als onze geest juist gebruikt wordt, brengt dit ons dichter bij de ervaring van Essentie. Alle kracht die ons ter beschikking staat is in het Nu aanwezig. Alles wat ons uit het moment van Nu haalt, zoals ons zorgen maken over gisteren en morgen, versnippert en verstrooit deze kracht.

Wees dankbaar
Hoe meer inzicht we in het leven krijgen, hoe meer we beseffen dat we weinig weten. De essentie van het leven is een eindeloos wonder, en hoe meer we weten dat we weinig weten, hoe meer we dat wonder beseffen en er dankbaar voor zijn dat we dit kunnen ervaren. Dankbaarheid voor het leven drukken we uit door er liefdevol en respectvol mee om te gaan. Voor ons eigen leven, dat van ieder ander, de natuur, de hele schepping. Dus ook alle objecten die in onze ogen levenloos lijken: ons huis, onze fiets, de stad, het land, enz. enz. De meest natuurlijke manier om dankbaarheid te tonen is om gewoon vanzelfsprekend aanwezig te zijn, de juiste zorg en aandacht voor het leven te hebben en te vertrouwen op de natuurlijke stroom van het leven.

Dankbaarheid is essentieel voor de manifestatie van overvloed in ons leven. Zonder dankbaarheid te tonen voor datgene wat het leven ons al bracht, hoe klein of schijnbaar onbelangrijk ook, blokkeren we het uitkomen van onze wensen en verlangens. Onze innerlijke staat van dankbaarheid geeft de mate van vertrouwen aan die we in het leven hebben, en daarmee ons vermogen om te kunnen ontvangen.

Werk hard
Wat is dat werk? Het ultieme werk in het leven van de mens is het werk om bewust te worden van wie hij werkelijk is, en dit vanzelfsprekend te uiten. We zijn Essentie die zichzelf wil kennen en uiten in schepping. Het diepst van ons wezen is pure vrede, vreugde en bewustzijn. Het werk om daarvan bewust te worden ligt altijd precies voor onze neus. Alles wat we ervaren in het leven *is* de leerschool in bewustwording en bewust zijn van Essentie.

Hoe doen we dat werk? Pas als we het leven voor ons, met al het geluk en ongeluk aanvaarden, en hiermee bij wijze van spreken begrijpen in welke 'school' we nu zitten, en wat de lessen zijn, kunnen we doorstromen naar de volgende klas. Voor elke vooruitgang is inspanning nodig: het werk om te ontdekken wie we zijn.

Hoe ziet het werk eruit? Er zijn geen twee mensen gelijk op aarde en daarom is ieders werk anders. De kern van het proces zit echter voor iedereen in de verschuiving van het perspectief. We zijn geneigd al onze aandacht, hoop en vertrouwen op het uiterlijke werk – de actie en toestand in ons leven en in de wereld – te richten. Het resultaat van deze actie bepaalt vervolgens hoe we ons verder voelen en hoe de wereld in onze ogen verandert. Zodra we onze aandacht naar binnen richten, en ongeacht de uiterlijke toestand van de wereld gelukkig kunnen zijn, ontstaat er vanuit ons veranderde perspectief een moeiteloos tot stand komende schepping die hiermee volkomen in overeenstemming is.

We kunnen luisteren naar ons gevoel, en van daar uit handelen in de wereld. Het gevoel is ons baken op weg naar het beleven van Essentie. Ons meest zuivere gevoel van eenheid en vreugde leidt zonder omwegen naar Essentie. Stap voor stap kunnen we hiernaar groeien, ervaring na ervaring. Hoe dit kan gebeuren is voor iedereen anders, er is oneindige variatie en diversiteit in de schepping. Alleen wijzelf kunnen weten hoe geluk en vreugde voor ons aanvoelen.

Geluk dat niet afhangt van de mate van manifestatie van onze wensen maar eenvoudigweg een uiting is van Essentie, dat is werkelijk vrijheid. Onze staat van vrijheid kan een ander nooit schaden, daarom hoeven we niet bang te zijn dat ons geluk anderen schaadt en hoeven we ons niet schuldig te voelen als wij geluk ervaren en een ander niet. Ongeluk heeft nog nooit een ander echt gelukkig gemaakt, geluk is echter aanstekelijk. In welke toestand we ook verkeren, hoe beperkt of hoe volledig of onvolledig onze wensen ook zijn uitgekomen, we kunnen gelukkig zijn. Dit is ons werk, al het andere is bijzaak.

Behandel iedereen met respect
We kunnen anderen behandelen zoals we zelf behandeld willen worden. Met andere woorden: hebt elkander lief. De manier waarop we met anderen omgaan weerspiegelt de manier hoe we ons zelf behandelen. De manier waarop we ons zelf behandelen wordt weerspiegeld in de manier waarop de schepping ons behandelt. Uiterlijk is geen mens gelijk, innerlijk is geen mens gelijk. Maar onze Essentie is één en verbonden. Liefdevolle en respectvolle omgang met anderen uit zich in vele vormen. Maar door de innerlijke Essentie te eren hoeven we de uiterlijke staat zeker niet te verwaarlozen of te negeren.

Er was eens een man die tot inzicht kwam dat alles en iedereen in Essentie gelijk was. Een heilige, een dief, een huisvrouw, een olifant, een slang, een eik, een distel, een sprietje gras, een mier. Allemaal uitingen van dezelfde Essentie. De man danste extatisch over de weg, daarbij een wilde olifant tegemoet lopend. De olifant liep de man luid tetterend omver en de man stierf ter plekke. In de hemel aangekomen ontmoette hij God en verontwaardigd vroeg hij waarom hij moest sterven zelfs nadat hij in ieder wezen dezelfde Essentie eerde. God antwoordde: "de Essentie is hetzelfde, maar je respecteerde de uiting niet. Een wilde olifant handelt vanzelfsprekend door alles omver te rennen, een mens daarentegen handelt vanzelfsprekend door de wilde olifant uit de weg te gaan".

Laten we ons zelf respecteren en lief hebben, zo kunnen anderen dat ook in ons herkennen en ons met respect en liefde behandelen. We kunnen in respect twee elementen terug vinden. Ten eerste de herkenning van Essentie, werkelijk alles is met Essentie verbonden, is Essentie. We respecteren dus ons Zelf als we anderen respecteren, want wij horen daar ook bij. Ten tweede is werkelijk respect de herkenning en aanvaarding van iemand, of een toestand, zoals het is, met een vanzelfsprekende dus adequate reactie daarop. Het eerste element heeft te maken met de herkenning van Essentie in zijn vormloze en onbegrijpelijke, ongrijpbare staat. Het tweede element heeft te maken met de Essentie in zijn uiting van vorm in schepping.

We kunnen bijvoorbeeld een kind hebben waar we zielsveel van houden en voor wie we het beste willen. De beste kansen, bijvoorbeeld een hoge opleiding. Maar als het kind die hoge opleiding niet kan verwezenlijken, moeten we het dan dwingen naar een school van onze keuze te gaan of kijken we naar wat het kind echt nodig heeft? Als we leren het kind te respecteren zoals het is, maken we hierin misschien een andere keuze dan wanneer we stand houden bij onze eigen kijk op het kind. Respect heeft met de combinatie van waarheid, Essentie en realiteit te maken. Samen geven ze de totaliteit van het leven aan. In die zin heeft respect te maken met het aanvaarden van het leven precies zoals het is en daarop adequaat te handelen.

DE VADER, DE MOEDER EN HET KIND

De drie aspecten van het Goddelijke
We kunnen de drie-eenheid van de vader, de moeder en het kind zien als een symbolische uitdrukking van Essentie, Al dat Is of het Goddelijke Zijn

In veel Hindoeïstische verering van aspecten of incarnaties van God, zoals Shiva, Vishnu of Krishna, vereert men niet alleen God maar ook zijn goddelijke gemalin, zijn Shakti. Vaak richt men zich uitsluitend tot de godin die in haar verschillende gedaantes de verschillende aspecten van de Moeder representeert, zoals bijvoorbeeld Lakshmi die de overvloed en instandhouding van de schepping vertegenwoordigt, of Kali die tijd manifesteert en al het kwade vernietigt, of Sarasvati die studie, kennis en wijsheid vertegenwoordigt.

In de Christelijke cultuur is Maria het goddelijke vrouwelijke, maar zolang de verschillende aspecten van haar zoon Jezus niet geheel duidelijk zijn, kunnen ook niet alle aspecten van Maria naar voren komen. We zien haar dan alleen als een specifieke moeder, weliswaar van een goddelijke zoon, of de Vrouwe aller volkeren, maar altijd buiten ons in plaats van het alomvattende idee van de Moeder in ons, buiten ons en met ons.

In de Islam vereert men Fatima, die overeenkomt met de Christelijke Sophia in haar betekenis van Wijsheid. In het Joodse geloof is er behalve Jaweh, die de mannelijke en onkenbare kant van God vertegenwoordigt, ook Shekinah, de vrouwelijke kant die de schepping en de studie over de Goddelijke wet in de vorm van de Torah vertegenwoordigt. Zij wordt ook gezien als de Heilige Geest die aanwezig is als men gezamenlijk de Torah bestudeert en zich aan de goddelijke wet houdt die in de Joodse geschriften beschreven wordt.

In het Christendom, de Islam, het Jodendom en het Hindoeïsme wordt de Moeder herkend als wijsheid omdat wijsheid alleen als realisatie in de schepping kan ontstaan – zonder schepping is er geen beleving.

In het Christelijke geloof is er het geloof dat Jezus het Goddelijk kind is, de volkomen uitdrukking van Essentie, in het ervaren van de schepping. Als subliem voorbeeld van volkomen bewustwording van het Goddelijke in alle aspecten van het Zijn is er voor ons, de gewone mens, de mogelijkheid dit naar zijn voorbeeld te volgen en te realiseren. Omdat Jezus ook als de volmaakte logos, het zuivere levende woord van God, wordt gezien, is hier de mogelijkheid voor ons om te begrijpen hoe we dat voorbeeld kunnen volgen, namelijk met gebruik van de zuivere rede, logos. De zuivere rede is dat aspect van onze geest dat vanuit schepping verbinding en identificatie met Essentie zoekt, het is het zuivere oog der liefde, het diepste vermogen tot waarnemen in de mens.

In het Hindoeïstische geloof in Krishna vinden we ook een voorbeeld van het kind-aspect van God terug in zijn spel met de Gopi's, de koeherderinnen. Krishna is God, Essentie, van waaruit alles ontstaat, maar hij wordt zelf zelden beschreven in de rol van Schepper. Als voorbeeld voor de mensheid speelt hij in zijn menselijke incarnatie voorbeeldig zijn "menselijke" rol door demonen te vernietigen, koning, vader en leraar der mensheid te zijn, maar tegelijkertijd is hij in de meest intieme momenten een vrolijke ondeugende jongen die alleen belang lijkt te stellen in spelen en dansen. Met deze nadruk op alle aspecten van spel en vooral ook het spel der liefde, wordt poëtisch en subtiel de meest innerlijke boodschap doorgegeven dat schepping niets anders is dan dat, een kosmische liefdesdans. Op het moment dat we ons dat beginnen te realiseren, vallen alle serieuze pogingen om wijsheid en verlichting te verkrijgen weg in de verrukking van gewoon volledig te zijn op alle niveaus van beleving.

In al deze verschillende levensbeschouwingen komen de aspecten van vader, moeder en kind voor. Soms overlappen ze elkaar, soms wordt een aspect minder benadrukt maar altijd blijkt hun harmonie in zekere mate aanwezig. De meeste nadruk wordt in het westen op het vaderaspect gelegd terwijl in het oosten het moederaspect naast het vaderaspect ook een heel belangrijke rol speelt.

Het is het aspect van het kind dat het niet te bevatten mysterie van Essentie weet te vatten. Bovendien geeft het aspect van het kind ons de mogelijkheid volkomen deel te nemen aan dit mysterie. Deze deelneming valt ons niet alleen in de verre toekomst ten deel op het moment dat we niets anders zijn dan een zuivere ziel, maar juist ook in het moment van Nu, met onze fysieke aanwezigheid in de schepping. Dat is voor ons ook een manier om niets wat op dit moment is over te slaan, in plaats van eeuwig te hunkeren naar een andere toestand en te denken dat het er nog niet is.

De drie-eenheid van Vader, Moeder en Kind is een vertegenwoordiging van het goddelijk Zijn dat Essentie, God, de schepping en de mens in een totale eenheid kan doen versmelten in het enige moment dat in beleving telt, namelijk in het Nu.

Wat zijn deze drie aspecten?

De Vader is universele geest die zich in vormen wil uiten. De universele geest is als het ware dat aspect van de Essentie dat voor ons kenbaar begint te worden, waar we ons een voorstelling van kunnen maken. Dat betekent niet dat wij de universele geest helemaal, of zelfs een beetje, kunnen bevatten, hoogstens dat onze kleine menselijke geest dezelfde scheppende kwaliteit heeft als de universele geest. De scheppende kwaliteit van onze eigen geest kunnen we zelf al moeilijk bevatten. Het is de grootste uitdaging om dit te erkennen en er bewust van te worden. De universele geest is als de levensadem die alles wat het aanraakt tot leven en vorm wekt. Het is inspiratie die tot vervulling oproept. Zonder dat zou er geen wereld kunnen bestaan maar zelf is het vormloos, ongrijpbaar en tegelijkertijd overal aanwezig.

De Moeder is de gehele schepping, van energie tot uitgekristalliseerde vorm, die door de vormende kracht van de universele geest gestalte geeft aan de schepping.

Zonder Essentie zou er niets zijn, zonder universele geest zou er geen vorm kunnen ontstaan maar zonder de uitstraling van Essentie, namelijk energie, het Moederaspect, zou deze vorm geen gestalte kunnen aannemen. Energie is in de schepping zelf de basis van waaruit alles vorm kan krijgen, van waaruit beleefd kan worden. Het is de substantie van waaruit gevormd wordt, het is het leven zoals we het kunnen ervaren. Het koestert ons van binnen uit, het omvat ons, draagt ons en voedt ons. Zonder de Moeder zouden wij niet van onszelf bewust kunnen zijn, we zouden niet bestaan, we zouden overal en nergens zijn, als de geest die over de wateren zweeft maar zichzelf niet kent in wie hij is en kan zijn. Het fysieke bestaan is onze mogelijkheid om bewust te worden en te zijn wie we werkelijk zijn.

De Aarde is voor ons een essentiële uiting van die grote Moeder-energie. We zijn als mens onlosmakelijk verbonden met de aarde, niet alleen voor ons fysiek bestaan maar ook voor onze spirituele ontwikkeling die gevoed wordt door het bewustzijn van de aarde. Er is voor ons geen mogelijkheid spiritueel bewust te zijn zonder met de aarde verbonden te zijn. De aarde is misschien niet de hoogste uiting van Moeder-energie die er bestaat in de kosmos zoals wij die kunnen bevatten, maar voor ons mensen is zij de enige weg om dit aspect van de Goddelijke Drie-eenheid te kennen.

Het Kind is de zuivere Essentie die altijd zichzelf blijft, of het nu in de puurste staat van Zijn is, die in geen enkele tijd, vorm of plaats te vangen is, of in de ontelbare vormen en staten die tezamen de schepping zijn. Wij, in onze menselijke staat, kunnen de Essentie alleen ervaren in het leven dat geboren wordt uit het harmonieuze samengaan van Vader in zijn gedaante van universele geest, en Moeder in haar gedaante van schepping, van energie tot materie.

Onze zoektocht in het leven is om in deze drie aspecten de vreugde van Eenheid te beleven. Door een volkomen open staat van Zijn, waarin het Vader- en Moederprincipe zich kunnen ontvouwen zonder enige inmenging en blokkade, ontdekken we de kern van pure vrede en vreugde, het Kind, dat we in wezen zijn.

De vader, de moeder en het kind zijn ook een symbolische weergave van onze innerlijke staat
De drie aspecten van de vader, de moeder en het kind bestaan op verschillende niveaus. Het is het Zijn op universeel, menselijk en individueel niveau. Iedereen heeft deze drie aspecten in zich, kan ze buiten zichzelf herkennen en neemt er op het diepste niveau deel aan, in andere woorden: is er één mee. In essentie zijn we zelf dat Goddelijke Zijn dat zich in schepping wil uiten.

De specifieke staat van ons wezen op dit moment is niet een 'lagere', of onvolledige staat, waarin een of meer aspecten van het Goddelijke Zijn ontbreken, omdat we bijvoorbeeld uit de hemel of het Paradijs zijn gevallen of omdat we ons in de "zondige" of "illusoire" materiële wereld bevinden, afgesneden van onze ware zuivere natuur of onderaan in de hiërarchische staat van de schepping, ergens tussen de Engelenschare en de Duivel in.

Onze staat, hier in deze materiële wereld, is een volledige uitdrukking van het Goddelijke Zijn en is juist onze grootste kracht. Het is een staat waarin de drie aspecten vader, moeder en kind, volledig aanwezig zijn en daarom op dit moment de ultieme staat om vreugde en vrede vanuit de Essentie te ervaren. Het is ons unieke proces om tot ons Zelf te komen. Ons leven is niet een onvolledige staat maar geheel compleet. We hoeven het alleen te ontdekken, en deze symbolische weergave van de vader, de moeder en het kind kan daar een hulp bij zijn.

Ieder mens kan zich bewust worden van de universele geest, de Vader, waarvan onze persoonlijke geest een individuele afspiegeling is, en kan de werking ervan in de schepping ervaren. In dit ervaren kunnen we het alleen buiten onszelf zien, op Goddelijk of menselijk niveau, of herkennen tot de staat waarin we in zijn werking opgenomen kunnen worden.

Ieder mens is hier in een lichaam aanwezig, deze vorm is het meest intieme aspect van de Moeder. Het is onze persoonlijke bewustwording van schepping, van daaruit kunnen wij onze verbinding met de gehele schepping, de Moeder gaan beleven, en uiteindelijk kunnen we er één mee worden.

Ieder mens kan zich bewust worden van het meest innerlijke aspect van zijn wezen, het Essentiële, de kern van zijn bestaan, het Kind. Het Kind is in deze drie-eenheid het meest onbevattelijke, mystieke aspect van het Goddelijke. Er is niets anders dat wij kunnen doen om ons van het kind in ons bewust te worden dan onze schijnbare greep op het kind los te laten. Het kind dat niet vrij is om zich te tonen zoals het werkelijk is, namelijk de Essentie van het leven, uit zich als ego. Het ego is het claimen en beleven van een niet verbonden staat van zijn, los van al het andere leven. Het is het kind dat geen kind wil zijn maar de vader- dan wel de moederrol wil overnemen en daarmee de centrale rol opgeeft. Het ego is individualiteit, dit kan beleefd worden als niet verbonden en afgesneden van de rest van het leven of als een uniek perspectief om het geheel mee te beleven.

We ontwikkelen het Kind door ons bewust te worden van de universele staat van geest, de Vader en de universele staat van schepping, de Moeder. Zolang we geest en schepping alleen in een puur individuele dimensie kunnen ervaren is er geen ervaring van eenheid, althans niet een volledige eenheid, eenheid die voorbij individualiteit reikt.

We kunnen de volledige staat van eenheid in eerste instantie willen herkennen in Jezus, Boeddha of anderen die dit volkomen zijn en beleefd hebben, maar zolang we niet begrijpen en accepteren dat het koninkrijk Gods, de volkomen eenheid van Vader, Moeder en Kind in onszelf is, kunnen we er zelf niet één mee worden, en kunnen we die eenheid ook niet werkelijk buiten ons waarnemen en ervaren.

Onze bewustwording van het Kind kan niet anders dan geboren worden uit de zuivere werking van de Vader en de Moeder. Deze twee zijn het samengaan van universele geest en universele schepping, want zonder deze is er geen bewustzijn waarmee, en geen lichaam waarin, wij ons bewust kunnen worden van het pure Zijn: in het Kind.

Het samengaan van de Vader en de Moeder gebeurt buiten ons, met ons, en in ons. We kunnen ons bewust worden van dit creatieproces, dit geboren worden, en tegelijkertijd zullen we in die bewustwording ontdekken dat dit proces nooit te claimen is als individueel. Alhoewel op drie niveaus, en daarbij ook individueel, doet alleen onze bewustwording op universeel niveau recht aan onze ware essentiële natuur waarin alle niveaus vervat zijn.

Zo in het groot, zo in het klein
De man en vrouw die in dit leven onze vader en moeder zijn, staan heel dicht bij de staat van ons wezen op het moment van onze geboorte. Ze vertegenwoordigen voor ons de basis, ons uitgangspunt van het nieuwe leven waaraan we beginnen. Ze laten zien hoe ons creatieproces er op dat moment voor staat en van waaruit we verder kunnen groeien. Door onze vader en moeder op het meest persoonlijke en aardse niveau, de man en vrouw bij wie we geboren zijn, te kunnen accepteren, accepteren we in feite een stuk van onszelf, als een weerspiegeling van het universele creatieproces op individueel niveau geuit.

Het is een erkenning van het feit dat we in deze unieke vorm bestaan en dat we van daaruit verder kunnen groeien. Verder groeien vanuit de gegeven situatie is niet meer dan natuurlijk, met andere woorden de bevestiging van een gegeven situatie in ons, en de reflectie daarvan in onze ouders, is niet een vaststaand gegeven maar een uitgangspunt. Schepping wil zich van nature uiten en beweging voltooien, aanzet geven tot nieuwe beweging. De schepping is nooit klaar, dus wij ook niet.

Onze menselijke geest is een deel van de universele geest, dat wat schepping, energie, aanzet tot vorm. We kunnen onze persoonlijke menselijke vader zien als een mens die met zijn unieke staat van zijn, met zijn unieke staat van geest, een relatie heeft met onze unieke staat van zijn op het moment van geboorte. We kunnen denken dat we bij willekeurig welke vader geboren worden, maar we kunnen ook zien dat er een samenhang is tussen de menselijke vader bij wie we terecht zijn gekomen en onze eigen staat van zijn, onze persoonlijke manier waarop we de geest gebruiken om vorm te geven aan ons leven.

Ons lichaam is een deel van een universeel lichaam, de schepping, datgene wat vorm krijgt door inspiratie van de universele geest. We kunnen onze persoonlijke menselijke moeder zien als een mens die met haar unieke manier waarop ze gestalte kan geven aan inspiratie, vorm kan creëren, een relatie heeft met onze unieke manier waarop wij open staan voor vorm en materie in ons leven. We kunnen denken bij willekeurig welke moeder terecht gekomen te zijn, maar we kunnen ook begrijpen dat er een samenhang is tussen de moeder bij wie we geboren worden en onze eigen unieke staat van ontvankelijkheid voor inspiratie, voor het ontvangen van vorm in materie, voor bewustwording.

In onze cultureel bepaalde kijk op de mensheid kunnen we in opstand komen of weerstand hebben tegen de rolverdeling tussen man en vrouw, en daarmee ook op de functies van het mannelijke en het vrouwelijke. We hebben echter altijd de vrijheid om verder te kijken dan de cultureel bepaalde rolpatronen die vaak beperkende aspecten met zich mee brengen. Juist in de beperkingen zien we vaak de struikelblokken die bewustwording daarover met zich mee brengt.

Als we onbevooroordeeld zijn, vinden we vaak universele kennis over de vrouwelijke en mannelijke aspecten van het Zijn terug in culturele en sociale aspecten van onze menselijke samenleving. In de grote spirituele geschriften is er altijd de mogelijkheid om datgene wat over mannen, het mannelijke, vrouwen en het vrouwelijke geschreven is, te lezen op drie niveaus. Het universele, het menselijke en het individuele niveau. Op al deze niveaus zijn het mannelijke en het vrouwelijke beide in de man en in de vrouw terug te vinden.

Op individueel niveau hebben we lichamelijk, geestelijk en emotioneel mannelijke en vrouwelijke aspecten. Het is echter zo dat de meeste mensen er vooraleerst moeite voor moeten doen om eerst het aspect dat gelijk is aan hun eigen sekse te ontwikkelen. Een vrouw zal meestal eerst het vrouwelijke in zich tot uiting willen brengen en ontdekken, alvorens ze het mannelijke in zichzelf gaat uiten. Vaak is haar mannelijke partner een spiegel om haar eigen mannelijkheid te ontdekken en te bevestigen. Omgekeerd geldt dit ook voor de man.

Op het universele niveau ontdekken we de universele wetten waarmee de schepping tot stand komt en natuurlijk werken die wetten volledig in mannen en vrouwen. Wanneer we in een spiritueel geschrift, zoals de Bijbel of de Upanishads, lezen over de man die de vrouw leidt, kunnen we daaruit op spiritueel niveau opmaken dat er geen vorm kan ontstaan zonder inspiratie, en geen spiritualiteit zonder erkenning en vormgeving van de schepping.

In het verhaal van Martha en Maria in de Bijbel zien we schepping die, zoals ze wordt verbeeldt door Martha, zonder bewuste verbinding met Essentie is, zonder harmonieus samengaan van geest en energie. Ze is koud, leeg en moeizaam, zonder zin en verbinding met het totale leven. Ze tobt en zwoegt maar aan en voelt zich verongelijkt en tekort gedaan. Schepping in verbinding met Essentie, verbeeld door Maria die aan de voeten van Jezus zit te luisteren, is het harmonieus samengaan van geest, energie en materie. Het komt moeiteloos tot stand en geeft vreugde en verbinding aan al het leven. We kunnen Maria zien als het symbool van een staat waarin men zich alleen op Essentie richt, wat eenzijdig zou zijn, maar we kunnen er ook uit op maken dat dit nooit een eenrichtingsverkeer kan zijn, Essentie is ook in schepping zelf aanwezig.

Alle geschriften die werkelijk spirituele kennis bevatten hebben altijd de mogelijkheid om alle kennis die er in staat in onszelf te ontdekken. Een man kan alle beschreven vrouwen in zichzelf ontdekken en een vrouw kan alle beschreven mannen in zichzelf ontdekken.

Op deze manier kunnen we ook kijken naar onze vader en moeder en ze in een heel ander licht zien. Het is niet nodig dat we ons met hen identificeren, maar ze vertegenwoordigen een specifieke individuele harmonie in de schepping die met het verlangen naar groei en beleving van onze ziel samenging, anders waren we ze niet "tegengekomen".

We kunnen ze vergeven waar we denken dat ze tekort schoten. We kunnen openstaan voor dat wat ze ons te leren hebben, hetzij in negatieve, hetzij in positieve zin. Als we er toe in staat zijn kunnen we ze liefhebben. Liefde opent deuren die anders voor ons gesloten blijven. Liefde geeft ons de gelegenheid ze op een ander niveau te leren kennen, en geeft hun de gelegenheid om op een vreugdevollere manier met ons om te gaan. Door onze inzichten in de drie-eenheid van vader, moeder en kind, die niet alleen voor ons geldt maar ook voor onze ouders en onze kinderen, zien we een lange lijn van ontwikkeling door de geschiedenis van de mensheid gaan. Een lijn van ontwikkeling en groei waar we op alle niveaus aan deelnemen.

Accepteren
Het kan uitermate lastig zijn om onszelf te herkennen in onze ouders. Als we onszelf op geen enkele wijze in onze ouders terug zien, is het moeilijk om ze te accepteren, zeker als we ontdekken dat ze een aspect van ons eigen innerlijk representeren. Toch is het nuttig om het proces aan te gaan. Dat proces gaat in stappen. We herkennen vaak eerst de eigenschappen die we in onszelf helemaal zouden willen veranderen. Vervolgens kan het nuttig zijn om voorbij de handelingen en het gedrag naar een essentiële drijfveer te zoeken, zodat we niet gevangen worden door onze afkeer van bepaalde situaties en gedragingen.

De essentiële drijfveer van ieders handelen is uiteindelijk verbonden met de wens om zichzelf in de meest wezenlijke staat te kennen, dit is ook bij onze ouders het geval. Het kan veel van ons vergen om in deze staat, die zo filosofisch en abstract lijkt, te komen als we als kind mishandeld zijn of erger. Het zal ons van binnen echter altijd ruimer en completer maken en het heeft niets te maken met het miskennen of onderdrukken van onze eigen gevoelens. Accepteren gebeurt op vele niveaus, het kan niet afgedwongen worden, maar we kunt er wel voor open staan zodat het kan gebeuren.

Respecteren
Het respecteren van het leven is een noodzakelijke stap, en uiteraard geldt dit ook voor de relatie met onze ouders. Respecteren heeft te maken met de herkenning van Essentie en de acceptatie van de uiting ervan. Het is de uiterlijke vorm van acceptatie en geeft aan dat we natuurlijk en vanzelfsprekend reageren op dat wat het leven ons voorschotelt, dus ook onze ouders. Alhoewel kinderen als ze klein zijn vaak tot het uiterste gaan met het accepteren van hun ouders, is het in niemands belang om

van kinderen te verwachten dat zij zich voor de rest van hun leven blootgeven aan geweld en misdraging. Respect heeft in dat soort situaties te maken met afstand nemen en terugtrekken. Respecteren is vanzelfsprekend en natuurlijk reageren op de situatie die voor ons ligt. Het is niet respectvol om bij een vader of een moeder die slecht voor ons is, te blijven. Respect is in deze zin zonder schuldgevoelens afscheid nemen van de directe omgang, het is als ware het loslaten van een beperkte invulling van het vader en moeder-principe om open te gaan staan voor een diepere beleving.

Vergeven
We hoeven onszelf geen geweld aan te doen om liefde te geven aan ouders die ons geen liefde gaven, maar door ze te vergeven maken we het voor onszelf mogelijk om inzicht te krijgen en verder te kunnen groeien. Door onze vader en moeder te accepteren en te vergeven maken we het mogelijk om het kind aanwezig te laten zijn. Het kind hoeft niets anders te doen dan vreugdevol te zijn. Het hoeft niet te werken, het hoeft niet te creëren. Het hoeft niets anders te doen dan zich de vreugdevolle staat van zijn wezen te herinneren in zijn unieke staat die het in de schepping ervaart. Het hoeft er alleen te zijn en zich te herinneren wie het is.

Vader en moeder creëren de wereld waarin het kind kan bestaan. Zodra we meer kijk hebben op het werk van de vader en moeder, in ons, buiten ons, Goddelijk, kosmisch, menselijk en persoonlijk, zijn we meer in staat de vreugde van het kind te ervaren en daarmee de vreugde van het totale Zijn.

De praktijk
Hoe ziet onze ontdekking van de vader, de moeder en het kind er in de praktijk uit? Wat kunnen we doen om een harmonieus samengaan van deze drie in alle facetten van ons leven te ervaren? Er is geen specifiek antwoord op te geven, er is geen vaststaande weg die we kunnen gaan. We kunnen alleen afgaan op het verlangen dat in ons ontwaakt

om onszelf te leren kennen zoals we werkelijk zijn, in onze totaliteit. Dat verlangen neemt in iedereen een andere vorm aan en richt zich in ieders zoektocht steeds op verschillende dimensies van het bestaan.

Veel mensen hebben ouders gehad die uiteindelijk niet van elkaar hielden, niet in staat waren hun liefde voor elkaar te tonen. Gebrek aan liefde tussen de ouders geeft een kind een onveilig en koud gevoel. Behalve door alle praktische tekortkomingen die vaak met dat gebrek gepaard gaan, maakt het dicht en angstig en stokt het de stroom van het leven op veel gebieden. De ouders kunnen misschien wel van het kind houden, maar het kind ervaart het niet als heel en compleet.

Hoe we ons ontwikkelen, de weg waarlangs, is voor iedereen verschillend maar er zijn bepaalde ingrediënten die de weg aanzienlijk efficiënter maken. Liefde heeft daar een groot aandeel in. Zoals een kind zich goed ontwikkelt en leert open te staan voor het leven als het ouders heeft die van elkaar en van het kind houden, zo kunnen wij in onze rol van kind, op elk niveau de ouders die ons leven gaven in ieder geval leren liefhebben, en daarmee een harmonie ontdekken van waaruit we verder kunnen.

Door de werking van onze geest te leren kennen, er vertrouwd mee te worden en door onze geest te accepteren als de manier waarop we het leven gestalte geven, leren we er beter mee om te gaan. Zoals een timmerman die niet met de zaag en hamer om kan gaan geen perfecte tafel zal kunnen maken, zo zullen wij ook het leven niet perfect vorm kunnen geven als we niet weten hoe onze geest werkt.

We kunnen leren onze geest met liefde te gebruiken. We kunnen de schoonheid leren zien waarmee onze geest uitdrukking geeft aan universele wetten, en ons niet steeds blind staren op de beperkingen, die ten slotte ieder menselijke geest heeft. Door onze geest niet als een te verwaarlozen privé bezit te beschouwen dat we kunnen veronachtzamen, tekort doen, niet accepteren, misbruiken en waar we ontevreden over kunnen zijn, maar te begrijpen dat onze individuele geest uniek is en tegelijkertijd beter werkt als we inzien dat hij een onderdeel is van de universele geest, is er ook aansluiting, verbinding en eenwording met die universele geest, de Vader. We kunnen, behalve de geest te leren kennen in zijn werking, ook leren mediteren om hem tot rust te brengen. Liefde voor de eigen geest brengt mee dat we verantwoording nemen voor onze geestelijke ontwikkeling en ons bewust worden van de Vader.

Door vertrouwd te worden met ons eigen lichaam, het te accepteren als het lichaam waarmee we het leven beleven, door ervan te houden, het te verzorgen en het juist te gebruiken geeft het ons de gelegenheid de schoonheid van het leven in het hier en nu te ontdekken. De schoonheid van het leven in het hier en nu is niet in het begeren van een vlekkeloos mooi altijd gezond lichaam. Het lichaam, onze trouwe metgezel, liegt niet en toont ons in de stof wie wij zijn. Wij zijn zielen die het leven in al zijn facetten ontdekken en beleven. Groeiend in geboorte, ontwikkeling, ziekte, verval en dood hebben we altijd de keuze te ontdekken wie we werkelijk zijn, en dat is wat we in de eindeloze variatie van het leven zoeken. Op het moment dat we volkomen van ons eigen lichaam houden, het eren en beseffen wat het werkelijk is, hebben we volkomen verbinding met al het leven in de schepping, zijn we in staat voorbij ons persoonlijke lichaam te voelen en te beleven. We worden ons bewust van de Moeder.

De staat van volkomen eenheid van geest en lichaam op individueel en universeel niveau is een staat waar wij in onze spirituele zoektocht allemaal van dromen. Het lijkt voor velen onbereikbaar en in dit leven niet weggelegd, maar toch is voor ons allemaal de keuze aanwezig om bewust te worden van wie we in Essentie zijn. Een zuivere intentie tot bewustwording leidt altijd naar de volgende stap in onze ontwikkeling.

De ontdekking en bewustwording van het kind in ons, Essentie, kan nooit direct worden "gedaan". Het kan alleen ontstaan via bewustwording van de vader en de moeder in ons, buiten ons, met ons, in de ontdekking van universele geest en schepping.

Omdat we hier zijn als individu kunnen we ook alleen als individu verantwoording nemen voor het leven zoals wij dat beleven. Maar ook zijn we als individu in staat deel te nemen en één te worden met alle geest en alle schepping. In het proces van bewustwording, dat eindeloos kan duren en vele kanten op kan gaan, schuiven we steeds een stukje verder naar binnen in de cirkel die de schepping om de Essentie maakt. We vereenzelvigen ons met allerlei facetten van geest, we vereenzelvigen ons met allerlei facetten van schepping tot het moment aanbreekt dat we ons vereenzelvigen met Essentie, op dat moment valt alles op zijn plaats en is er Eenheid, de beleving van pure individualiteit is dan te klein geworden en maakt plaats voor de volgroeide mens die zich altijd verbonden en verantwoordelijk voelt voor de schepping waarin hij thuis is. Er is liefde in bewustzijn.

WELZIJN, ZIEKTE EN HEALING

Aandacht
Het is belangrijk om bij een healing de aandacht te richten. Energie wil stromen, maar het is onze geest die energie richt. Het is niet de bedoeling dat we ons bemoeien met de vraag hoe de energie wil stromen. Dan zouden we willen ingrijpen in een proces dat we juist zijn gang moeten laten gaan. Wel moeten we onze aandacht richten, want aandacht werkt als een kompas voor de energie.

Waar richten we onze aandacht dan op?
Waar richten we ons dan wel op? Alles waar we onze aandacht op richten, groeit. Richten we ons op ziekte, dan krijgt ziekte aandacht en groeit. Op deze manier krijgt ziekte een vastere plek in ons bestaan. Richten we ons op gezondheid en welzijn, dan worden gezondheid en welzijn vergroot. Als we ons erg ziek en beroerd voelen, is het moeilijk om ons op een perfecte toestand te richten en daar innerlijk echt in te geloven. We kunnen kijken hoever we hierin kunnen gaan zonder ons gevoel en ons verstand geweld aan te doen. Het kan ook stapsgewijs. We richten ons op een toestand die beter aanvoelt en in overeenstemming is met ons geloof daarin.

Waarin een healer verschilt van een genezer
De meeste mensen die in de gezondheidssector werken, richten zich op datgene in de mens dat ziek en uit balans is. Om healer te zijn is een andere houding en een ander perspectief nodig. Er is een wezenlijk verschil tussen een genezer, van allopathisch tot alternatief, en een healer. Het is wel mogelijk om het te combineren en genezer en healer tegelijk te zijn, maar dan alleen vanuit het perspectief van een healer, iemand die vanuit het principe van welzijn werkt.

Een healer richt zich altijd op iemands welzijn, de verbinding met het innerlijke Zelf, en daarmee op de Eenheid van alles. Ook al is iemand doodziek en lijkt er totaal geen gezondheid aanwezig, een healer richt zich op dat aspect, op precies datgene dat iemand open maakt voor welzijn. In die zin kunnen we in onze rol als healer dan ook moeilijk over patiënten spreken. Een patiënt is immers ziek. Genezers, uit welke richting ook, richten zich met hun specifieke methoden tot patiënten. Een healer richt zich op een mens die van nature alle mogelijkheden tot welzijn in zich draagt. Door zich te richten op het welzijn in de mens biedt hij ruimte en mogelijkheden om dit welzijn te vergroten.

Wat is dit welzijn?
Welzijn is in verbinding zijn met het wezenlijke Zelf, het wezenlijke deel dat altijd één is met vreugde, helderheid en vrede, en hierin verbonden is met al het andere leven. In welke toestand lichaam en geest ook verkeren, er is altijd de mogelijkheid om vreugde, helderheid en vrede te ervaren. Gezondheid is niet voor iedereen weggelegd. Iemand met kanker in een stadium dat onomkeerbaar is, wordt niet beter, maar kan wel vreugde, helderheid en vrede ervaren. Het is moeilijk voor ons te accepteren dat dit ook welzijn kan betekenen. Door de kennis dat we meer zijn dan ons lichaam en onze geest alléén kunnen we welzijn ook in dit licht zien.

Anderzijds zien we dat als mensen open zijn voor vreugde, helderheid, geluk, vrede, en niet te vergeten gezondheid, er minder mogelijkheid voor ziekte en narigheid aanwezig is in hun leven, en dat ziekte zelfs helemaal uit hun leven kan verdwijnen. Dat neemt niet weg dat we geen enkel ziek mens ervan kunnen beschuldigen niet voor welzijn open te staan. Welzijn en de uiting daarvan is een persoonlijke beleving en dus ook niet door anderen te interpreteren.

Hoe ziet een healing er in de praktijk uit?
Om een healing tot stand te brengen is geen vaste methode of discipline aan te geven. We kunnen het rustig met de anti-kwakzalverij eens zijn over het feit dat "je er in moet geloven". Met dat verschil dat er geen enkele

methode is waar je niet "in moet geloven" wil het werken. Mensen die er absoluut van overtuigd zijn dat ze dood gaan, hebben doorgaans veel minder kans beter te worden door welke methode ook dan mensen die vol vertrouwen hebben in hun genezing.

Een goede stelregel is: "alleen in zee te gaan met een bepaalde aanpak als het ons een goed gevoel geeft en als we vertrouwen hebben". Als we vol vertrouwen pillen slikken of een operatie moeten ondergaan is dat wat we moeten doen. Als we een Reiki-therapeut of een homeopathische arts tijdverspilling vinden, kunnen we beter niet gaan, en natuurlijk vice versa. Het is met healing als in de liefde: "alles is toegestaan, niets kan worden afgedwongen". Wie in staat is een ander met een reguliere methode open te maken voor welzijn is een healer. Wie als alternatieve genezer er niet in slaagt iemand met welzijn te verbinden of minstens welzijn te zien als een mogelijkheid die aanwezig is, is geen healer, althans geen goede.

Wat voor healers zijn er?
Er zijn healers die helen met methoden die ingrijpen in de vaste vorm van het lichaam. Er zijn healers die helen door methoden die op het psychische, emotionele en geestelijke vlak werken. Er zijn healers die helen door op een energetisch niveau te werken. Deze drie verschillende healers werken allemaal op een materieel niveau. Zij werken alle drie, van heel subtiel tot zeer tastbaar, in de uiterlijke vorm door middel van methoden van de uiterlijke vorm. We zien bijvoorbeeld een healer die als arts werkt en ziekten (vorm) behandelt door middel van tastbare ofwel meetbare methodes (vorm). Of een healer die als psychotherapeut werkt en geestelijke ziekten (vorm) behandelt met emotionele ofwel mentale therapieën (vorm). Ook de healer die als energetisch therapeut werkt, en ziekten (vorm) behandelt door middel van energie (zeer subtiele vorm) werkt in en met vorm. Alles wat tastbaar, meetbaar, voelbaar, zichtbaar, hoorbaar of ruikbaar is, alles wat beschreven kan worden, alles wat we ons kunnen voorstellen, is vorm.

Er zijn ook healers die zich uitsluitend op het welzijn van iemand richten. Welzijn dat vorm aanneemt in de schepping maar een uiting is van Essentie. Zij hebben daar zo'n volledig vertrouwen in dat het niet meer nodig is om in de vorm, hoe subtiel ook, te werken. Het doet er niet meer toe of zij wel of niet volgens een methode werken. Door hun ultieme vertrouwen, hun zuivere intentie en hun vermogen om volkomen in harmonie met de schepping te zijn kunnen ze op de meest eenvoudige en misschien wel volkomen onlogische wijze een grote healing tot stand brengen. Er zijn niet echt veel van deze healers. Jezus was volgens velen een healer op dat niveau. Dat neemt niet weg dat ieder mens in potentie in staat is op deze wijze healer te zijn en dat velen daar al iets van konden meemaken en het werk op dit niveau konden laten gebeuren.

DE VERBINDING TUSSEN REIKI, HET HART EN HEALING

Leven is energie die stroomt
Het leven is een grote stroom energie. Gevoelens, ideeën, emoties, gedachten, geuren, geluiden, toestanden, relaties, communicatie, vorm. Al deze toestanden van energie, al deze diversiteit van leven ervaren we met onze geest, onze gevoelens en emoties, ons lichaam en onze ziel.

Het centrum van onze individuele beleving is het hart
De kern van ons wezen ligt voor velen besloten in ons hart. Als er iets symbool staat voor de totale beleving van het leven dan is dat het hart. Het hart functioneert op verschillende niveaus. Lichamelijk pompt het bloed door onze aderen waardoor alle andere organen kunnen werken. Emotioneel staat ons hart voor de manier waarop we met het bestaan omgaan. Op het mentale niveau weet het hart wat werkelijk goed voor ons is. Zonder ons hart zou kennis nooit in wijsheid omgezet kunnen worden, omdat we nooit de kans zouden krijgen de kennis die we hebben verworven te doorleven. Op spiritueel niveau is het hart liefde uit bewustzijn.

Het hart laat op alle niveaus het leven stromen
Het hart verzamelt niets, neemt niets voor zichzelf op. Het werkt het beste als het leven ongehinderd kan doorstromen. We ervaren het leven met een 'open' hart als we ongehinderd alles wat ons individu maakt, van de werking van ons lichaam tot onze geest, emoties, kennis en liefde, kunnen laten stromen.

Openstaan of niet... dat is de vraag
Het is in ieders leven steeds weer een uitdaging om ervaringen te verwerken, te accepteren en er verantwoording voor te nemen. Alles wat we doen om het leven beter te laten stromen heeft dan ook met heel zijn te maken. Lichamelijk kunnen we besluiten gezonder voedsel te eten zodat we geen aderverkalking krijgen. Onze geest kunnen

we op zo'n manier gebruiken dat we gelukkig en vrij kunnen zijn. Dat hangt niet zozeer van de onderwerpen af waar we ons mee bezig houden, maar wel met de manier waarop we erover denken. Ons gevoelsleven is ook op zijn best als we gevoelens kunnen laten stromen. Er is niets fijners te bedenken dan dat wij kunnen zijn zoals we zijn. Het leven kan op alle niveaus alleen stromen als we er voor open staan.

Als we ons bezig willen houden met healing verlangen we open te zijn

Het verlangen naar healing komt uit het hart. Het hart wil open zijn zodat het leven goed kan stromen. Healing is open staan voor welzijn. Voor welzijn moeten we soms van alles doen, alles wat maar nodig is om energie, leven, weer te laten stromen. Soms is dat een energiebehandeling, soms is dat een asperientje slikken en naar bed gaan, soms is dat nadenken en laten bezinken, soms is dat huilen of boos worden, uitrusten, bijkomen, vergeven, lachen, soms een zware operatie, een acupunctuur-behandeling of een bestraling. Het is in wezen niet zo belangrijk hoe iets kan veranderen. We kunnen kiezen voor dat wat binnen onze overtuigingen over een bepaald aspect van het leven binnen bereik ligt.

Wat wel belangrijk is, is de intentie waarmee iets gedaan wordt. Zijn we gericht op welzijn of staat onze neus richting ziekte, ongeluk en narigheid? Laten we een ziekte volgens een bepaalde methode behandelen omdat we geloven beter te worden of omdat we angstig zijn en ons zelf bang laten maken? We hoeven ziekte niet te ontkennen of niet te accepteren om toch gericht te zijn op een betere staat en daarin te geloven.

Wat heeft Reiki met ons hart en healing te maken?

Reiki is de meest subtiele levensenergie die er is. Het is per definitie stromende omdat het die energie is die verbonden is met welzijn en daarmee ook met de essentie van ons bestaan. Het is de oerbrandstof van waaruit alles in het leven vorm krijgt. Als we ons open stellen voor Reiki en ermee willen werken, richten we ons direct op de kern van ieder probleem: energie die niet stroomt. Daarom is elke healing uniek, want elk probleem heeft een unieke oplossing. Maar hoe de oplossing er ook uitziet, het is altijd gericht op de ervaring van het leven dat stroomt zoals het wil stromen. Soms is dat een genezing, soms aanvaarding, soms een nieuw inzicht of geestelijke groei. Wat het ook is, het leven is erdoor verrijkt. Ons hart dat symbool staat voor de essentie van ons leven is daarom ook onze rechtstreekse verbinding met welzijn, want welzijn is een staat die er alleen kan zijn als we open staan voor het leven zoals het is. Het leven kan alleen zijn zoals het is als het verbonden is met de Essentie. We kunnen dan ook zeggen dat Reiki energie is die uit ons hart komt, direct verbonden is met welzijn, en tegelijkertijd met al het andere leven.

REIKI EN HET EGO

Wat doet het ego?
Heel het leven zoals wij dat ervaren kunnen we zien als een constante stroom Reiki, een onuitputtelijke veelheid van wel en niet tastbare of zichtbare energie. Het ego als onderdeel van onze menselijke geest wil deze stroom telkens voor zichzelf houden, tegenhouden, vergaren of ontkennen. Het wil steeds "doen" en actief zijn in de schepping en zich richten op de schijnbaar onvolmaakte en beperkte toestand die de schepping zonder verbinding met de Essentie heeft en er vervolgens bedroefd, kwaad, verontwaardigd, zelfvoldaan, tevreden of ontevreden over zijn.

Het ego kent werkelijk onnoemelijk veel manieren om deze energie voor zichzelf te willen ervaren. Daarmee hindert het de natuurlijke Reikistroom, en dus het leven. Het ego ervaart energie in zijn schijnbaar afgescheiden vorm. We zouden dus kunnen zeggen dat het nooit het ego is dat energie als Reiki kan ervaren omdat Reiki energie is die geen enkele blokkade ondervindt om met Essentie verbonden te zijn en Essentie uit te drukken.

Controle loslaten en energie laten stromen zoals het bedoeld is
Wat kan er met ons gebeuren als we ons zelf openen voor Reiki om helderheid te verkrijgen? We zullen er steeds bewuster van zijn dat het leven energie is die stroomt. En dat deze energie een uitdrukking is van de Essentie van het leven. Elke keer als het ego deze energie voor zichzelf wil houden, zijn we niet bij machte de Essentie te ervaren. En juist als het ego de controle loslaat, komt de verbinding met het leven te voorschijn en kunnen we Eenheid beleven. Elke keer dat we met de intentie om de kern van ons wezen te leren ervaren, ons voor Reiki open stellen, geven we aan: "laat de energie, het leven, stromen zoals het bedoeld is. "Als we de kennis die we op deze manier over ons zelf te weten komen diep laten doordringen in

onze daden en gedachten, heeft dat een transformerende werking op ons leven.

Het leven helemaal accepteren is in het Nu leven
Door de zelfbehandeling geven we aan dat we klaar zijn om het leven precies zo te accepteren zoals het voor ons komt, in al zijn verschijningsvormen. En alleen als we het leven zo volkomen accepteren, zijn we in staat helemaal in het Nu te leven, en daarmee in de Eenheid van Al Dat Is.

Geen passiviteit maar juist helemaal beleven
We moeten dit niet verwarren met passief leven of met niet meer reageren of handelen. Het leven wordt in al zijn wederwaardigheden, goed en slecht, volkomen beleefd. De juiste handeling wordt niet langer uit besef van goed en kwaad uitgevoerd, iets wat het ego ons steeds dwingt te doen, maar vanuit de vreugde van herkenning van de Essentie, uit vanzelfsprekendheid.

Het ego is een instrument
Het ego is een instrument dat in de schepping werkzaam is. We hebben het nodig om onze individualiteit, onze persoonlijkheid te beleven. Wanneer we vanuit de Essentie leven is ons perspectief op het bestaan niet vanuit het beperkte ego. De beperkte toestand van waaruit we leven als we ons richten op de uiterlijke vorm van de schepping staat in schijn op zichzelf. Leven we daarentegen vanuit de Essentie, dan beleven we dat alles altijd volmaakt is. Bij dit laatste werkt het ego op een natuurlijke en vanzelfsprekende manier. Sommige mensen zouden zeggen: "het ego is opgelost".

Het is niet noodzakelijk om het ego af te leggen, hiermee benadrukken we het bestaan er alleen maar van. Het ego is in wezen neutraal, een instrument om de schepping te ervaren. Als het ego zijn verkleinende, verdelende en opeisende manier van werken loslaat, is er ruimte om de Essentie en daarmee de Eenheid van alle dingen te ervaren. Iemand die in deze staat verkeert, wil niet meer ingrijpen in de natuurlijke stroom van de schepping, maar aanvaardt wel ten volle de rol die voor hem of haar in deze schepping is weggelegd. Het ego staat niet meer in de weg om te ervaren dat de Essentie altijd, overal, en in alles aanwezig is.

De weg naar verlichting
De staat van een mens die zo het leven ervaart is een fase naar verlichting. Dat lijkt ver weg en onbereikbaar, maar tellen niet alle stappen op de weg mee? Herinner een moment in het leven waarop we intens aanwezig waren. De geboorte van een kind. Of misschien de eerste keer dat we zonder angst in het zwembad sprongen. Het moment dat we de moed hadden om negatieve, beperkende of kleinerende ervaringen los te laten. Of het moment waarop we voor het eerst realiseerden dat we iemand lief hebben. Of op het moment dat we een angst los konden laten en ruimte en levensvreugde voelden. Misschien juist de intensiteit van een sterfbed van een geliefde waardoor we kunnen ervaren volkomen in het Nu aanwezig te zijn. Juist omdat de dood een intensiteit van leven in ons kan opwekken, die we anders telkens uitstellen of denken niet te kunnen ervaren. Dan kunnen we ervaren dat diepe liefde die mensen voor elkaar voelen niet verloren gaat door dood, maar een onderdeel is van de Essentie van het bestaan, en uitnodigt om Eenheid te ervaren. Misschien zijn we eens ergens op een plaats geweest waar de natuur zo overweldigend mooi was dat het ons als vanzelfsprekend liet ervaren dat alles en iedereen met elkaar verbonden is. Alle ervaringen in het leven die verruimen en verbinden hebben met groei en verlichting te maken. Er is geen manier om die ervaringen vast te houden. Daarom voelen mensen zich vaak verdrietig als ze liefde of schoonheid willen vasthouden. Ervaringen die ons met de Eenheid verbinden, verdragen het niet vastgehouden te worden, ze kunnen alleen in het moment van nu beleefd worden. Maar ze vormen wel het pad dat onze voeten draagt op de weg van verlichting.

ESSENTIELE ONDERDELEN VAN ONZE ZOEKTOCHT NAAR BINNEN

Eigen verantwoordelijkheid

Ieder mensenleven is een zoektocht naar de essentie van het bestaan. Sommigen beleven deze zoektocht heel bewust, anderen zijn er niet mee bezig, of denken met iets heel anders bezig te zijn. Er zijn veel mensen die strikt op de begane paden blijven, anderen zijn op zoek naar een unieke eigen manier om er te komen. Eigenlijk zijn alle wegen uniek, of ze nu door velen begaan worden of door een enkeling. Er is namelijk maar één iemand die de weg kan ervaren, en dat zijn wij zelf. Met dat inzicht kunnen we dan ook de conclusie trekken dat iedereen alleen zelf verantwoordelijkheid kan dragen voor zijn zoektocht. Want alleen wij zelf zijn in staat onderweg te voelen en te weten of iets goed is voor ons, alleen wij zelf kunnen de noodzaak voelen om op weg te zijn, te groeien en te beleven.

Niemand kan het afdwingen, niemand kan het afkeuren

We begrijpen nu dat we het idee kunnen loslaten dat alles hetzelfde moet zijn. Met het nemen van onze eigen verantwoordelijkheid vervalt ook de claim die een ander op onze zoektocht wil leggen. Er is niemand die ons iets kan afdwingen op onze spirituele weg. Spirituele beleving is per definitie iets dat niet af te dwingen is. Niet door ons zelf, laat staan door een ander. Alle goed bedoelde vermaningen, alle commentaren van mensen die menen dat zij beter weten of we wel met de Essentie verbonden zijn, kunnen we dan ook rustig los laten. Alle mensen die spiritueel werk doen terwijl ze de weg van anderen afkeuren, hebben grote kans zelf niet zo verbonden te zijn als ze dachten. In werkelijke spirituele beleving is geen plaats voor afkeuring. Afkeuring is geblokkeerd zijn en heeft niets met verbinding en Essentie te maken.

Groei is een proces dat zich steeds herhaalt
Aan de ene kant is het een opluchting en geruststelling te weten dat er niemand is die ons kan dwingen op een bepaalde manier te denken en te groeien. Aan de andere kant kunnen we ons daar overweldigd door voelen. Waar moeten we beginnen, wie zal ons steunen, hoe weten we dat het goed is? We hebben duidelijk gereedschappen nodig op onze zoektocht, anders draaien we eindeloos in dezelfde kring rond, maken we onszelf afhankelijk van anderen, weten we niet waar we beginnen moeten of beginnen we er maar niet eens aan. Daarom is het nuttig om te weten dat een zoektocht een proces is. Een proces dat er voor iedereen anders uitziet maar dat toch bij iedereen aan dezelfde wetmatigheden onderhevig is en dat zich steeds op een ander niveau, spiraalsgewijs kan herhalen.

Kennis
De beleving van Essentie gaat voorbij de geest. Het is de Essentie in onszelf die Essentie herkennen kan. Toch is het zo dat onze geest het instrument is om ons daarheen te leiden en te leren wie we zijn. Om dat te gaan ervaren hebben we kennis nodig. Kennis over de wereld, de schepping. Kennis over onszelf, hoe werkt onze geest, wat kunnen we ermee doen? We hebben kennis nodig die ons op weg helpt en richting geeft. We kunnen daarvoor op zoek gaan naar anderen die meer kennis hebben dan wij maar uiteindelijk geldt ook hier dat er maar één persoon is die kan uitmaken of deze specifieke kennis bevrijdend werkt of niet.

Er is de uitspraak "Zoekt en gij zult vinden, klopt en gij wordt open gedaan". Wie werkelijk een vraag stelt om te weten, krijgt zeker antwoord. We vertrouwen op kennis die van buiten ons komt maar die we tegelijkertijd kunnen gaan herkennen als innerlijke kennis. Soms is dat niet het geval en is bepaalde kennis eigenlijk niet zo diepgaand als we wel dachten. Gaandeweg zal dat steeds duidelijker worden. Alles wat we hoeven te doen is onze zuivere intentie behouden om kennis te verkrijgen die inzicht geeft over wie we werkelijk zijn. Uiterlijke kennis kan dan meer en meer samenvallen met innerlijke kennis, omdat onze capaciteit om open te zijn voor essentiële kennis, die altijd al in ons aanwezig is, steeds groter wordt. Uiteindelijk zal onze innerlijke kennis zo toegankelijk en helder zijn dat alles wat we buiten onszelf aan kennis opdoen daar altijd eerst aan getoetst kan worden.

Er zijn twee soorten kennis. Ten eerste kennis die over de wereld gaat, en ons aan de wereld bindt. Of het nu om het plakken van een fietsband gaat of over een nieuwe theorie over het ontstaan van de kosmos of over een godsdienst of verheven filosofie, als het kennis is die niet verbindt met de Essentie is het kennis die ons niet echt vrijmaakt. Ten tweede is er kennis die ons verbindt met de Essentie en ons het wezenlijke in ons zelf laat beleven. Deze kennis kan ook in elke vorm aan ons verschijnen. Het hoeft niet noodzakelijk altijd verheven en ingewikkeld te zijn. Het kan net zo goed over het plakken van een fietsband, een nieuwe theorie over het ontstaan van de kosmos, een godsdienst of een filosofie zijn. Kennis, wat voor kennis ook, die ons verbindt met de Essentie maakt ons vrij.

Toepassing
We kunnen ons hele leven kennis blijven opdoen, steeds meer weten met onze geest, maar als we de opgedane kennis niet toepassen kan het niet voor ons gaan leven. Om kennis om te zetten in wijsheid, dat wil zeggen kennis die echt verbonden is met de Essentie, met het hart, moeten we het toepassen. Alleen dan weten we waar we over praten. Alleen dan krijgen we de kans om diepere inzichten te krijgen. We kunnen vaak het verschil wel voelen tussen mensen die spreken als een boekengeleerde of mensen die spreken vanuit ervaring. Kennis die toegepast wordt kan vervolgens zijn strenge karakter verliezen. Niet alles is hetzelfde in de schepping en daarom is de toepassing ook altijd weer net even anders.

Loslaten
Het minst gemakkelijke deel van het proces is loslaten. We vergaarden kennis en gingen het toepassen. Door de toepassing groeide ons inzicht. En met de verdieping van ons inzicht ontstonden er nieuwe vragen en behoefte aan diepere kennis. Voordat we in staat zijn daar antwoord op te krijgen, moeten we eerst bereid zijn onze oude kijk op het leven die een gevolg was van de antwoorden op onze oude vragen, los te laten.

Het duurde bijvoorbeeld een tijdje voordat we in staat waren ons idee dat de wereld plat was los te laten, en de kennis toe te laten dat de wereld rond is. Het is vaak makkelijker dit buiten onszelf te zien maar onze persoonlijke ontwikkeling is juist van dit proces afhankelijk. Wat een verschil maakt het als we in staat zijn om ideeën over onszelf los te laten en open te staan voor een volgende stap in onze ontwikkeling.

Een ander aspect van het loslaten heeft te maken met de vorm. Het is moeilijk om kennis als vanzelfsprekend te uiten als we vast houden aan de uiterlijke vorm. In het gewone dagelijkse leven kan het handig zijn als we precies weten hoe een fietsband geplakt moet worden, maar zelfs dan is het beter om er creatief mee om te kunnen gaan. We kunnen ons voorstellen dat er in het fietsen-handboekje staat dat we altijd een stukje rubber van een vierkante centimeter op het gat in een fietsband moeten plakken. Nu is er voor het gat in de band net een groter stukje nodig, maar we geloven heilig dat we een vierkante centimeter nodig hebben omdat het in het boekje staat. Meestal hebben we geen moeite met de toepassing van praktische kennis omdat we kunnen zien: "met een kleiner stukje rubber loopt mijn band meteen weer leeg". Gaat het echter over spirituele kennis, dan zijn we onzekerder en vertrouwen liever op anderen.

Werkelijke toepassing gaat het beste als we ons niet vastleggen aan een uiterlijke vorm. Niet gebonden zijn aan de uiterlijke vorm betekent dan vrijheid om er naar innerlijk inzicht en vertrouwen mee om te gaan. Dat betekent niet dat we elke vastgelegde vorm moeten wantrouwen of er de schoonheid en het nut niet van inzien. Het omgekeerde is eerder waar. Als we niet gebonden zijn aan een specifieke vorm, of het nu een idee, een toestand of een ding is, zijn we des te beter in staat de vorm naar waarde te schatten en te begrijpen dat vorm de kracht heeft ons te laten transformeren.

Een verschuiving van ons perspectief
Het bovenstaande onderscheid in de aard van kennis kan ons in hoge mate verontrusten omdat we het gevoel kunnen krijgen dat 'niets is wat het lijkt te zijn', maar het kan ons ook vertrouwen geven. Alle kennis is bruikbaar om ons diepste wezen te leren kennen want alle mensen zijn verschillend en hebben andere kennis nodig. Door het proces van kennis opdoen, toepassen en loslaten dat ontstaat als we willen weten wie we echt zijn, kunnen we onszelf, de anderen en de wereld steeds vanuit een ander perspectief zien. We ervaren misschien eerst vanuit de gedachte dat we alleen het lichaam zijn, maar uiteindelijk hebben we de mogelijkheid om onszelf, de anderen en de wereld vanuit ons diepste wezen te beleven.

Ons proces met het Reiki werk
De meesten van ons die een cursus Reiki doen hopen er door te groeien, inzicht te krijgen over wie we zijn. Ons hele werk met Reiki verloopt dan ook volgens dezelfde wetten als hierboven beschreven. We kunnen niet verwachten meer inzicht in Reiki en onszelf te verkrijgen als we er alleen maar over lezen. We moeten het geleerde toepassen. Door de toepassing raken we ermee vertrouwd en gaan we openstaan voor dieper inzicht en begrip.

Uiteindelijk zullen we de vorm ook los moeten laten om het helemaal tot ons door te laten dringen. Loslaten betekent in deze zin niet dat we de methode moeten loslaten en er niet meer mee moeten werken, maar wel dat we vrijer zijn om het precies zo toe te passen als nodig is. We hoeven dan niet meer angstig te zijn over onze prestaties, doen we het wel precies volgens de methode? Deze vrijheid om met het systeem om te gaan berust niet op onkunde maar op meesterschap. Meesterschap ontstaat als we boven de vorm uitstijgen. De vorm wel kunnen eren en gebruiken, wel precies weten hoe het hoort maar er niet door gebonden zijn. Het staat iedereen vrij naar dit meesterschap toe te werken.

Van discipline naar vanzelfsprekendheid
Er zijn vele manieren om onze spirituele zoektocht als proces te beschrijven. Bijvoorbeeld: van uiterlijke kennis naar innerlijke kennis, van weten naar beleven, van gerichtheid op het doel naar vereenzelviging met de weg, van actie naar 'niet-doen', van onwetendheid naar vrijheid, van het gebruik van onze geest naar de beleving van innerlijke stilte. Al deze onderdelen van het proces zijn het gevolg van onze inspanning om tot ons ware Zelf te komen.

Voor veel mensen is het een worsteling om het spiritueel inzicht dat wij "altijd al volmaakt zijn" zo te kunnen gaan begrijpen dat ze niet tot passiviteit overgaan. Zij kunnen dan niet inzien waarom we ons dan nog moeten inspannen. Aan het begin van het proces, dat zich overigens talloze malen kan herhalen op steeds een ander niveau, zijn we echter genoodzaakt om ons in te spannen.

Als we alleen uiterlijke kennis hebben, hebben we nog niet van de vrucht van innerlijke kennis geproefd. Als we alleen met de geest weten hebben we nog niet met ons hele wezen beleefd. Als we nog niets weten ervaren we nog geen innerlijke vrijheid, als we alleen onze geest gebruiken, kunnen we nog geen innerlijke stilte ervaren. We drijven dan op de kracht van onze discipline die voortkomt uit het besluit om te willen groeien. Deze discipline sterkt ons in elke ervaring van een volgend niveau tot we in een staat komen dat we echt dat volgende niveau kunnen gaan beleven. We gaan dan vanzelfsprekend beleven.

Vanzelfsprekendheid

Je zou kunnen zeggen dat het loslaten van de vorm steeds de laatste fase voor vanzelfsprekendheid is. In vanzelfsprekendheid maakt het niet meer uit of we wel of niet in een methode meegaan, of we wel of niet de vorm vasthouden. Als we iets hebben kunnen loslaten zijn we ons er nog van bewust dat er iets is dat we los kunnen laten. Als we vanzelfsprekend handelen is onze geest daar helemaal niet meer mee bezig. We doen dan wat nodig is. We handelen dan vanuit de kern van ons wezen. In deze staat verkerend is het altijd het Zelf dat zich in duizend vormen toont maar in wezen altijd hetzelfde is. Vanzelfsprekend.

VOEDING

Een andere kijk op voeding
Het is goed om af en toe eens stil te staan bij de kwaliteit van de voeding die we tot ons nemen. Om niet te vervallen tot een dieet-rubriek waarin het ene voedsel wordt aanbevolen en het andere afgeraden, gaan we er eens op een hele nieuwe manier naar kijken. Wat is het eigenlijk in ons dat voeding nodig heeft? En waarvoor heeft het voeding nodig?

Voeding is datgene dat bijdraagt aan onze herinnering aan Essentie
Als we er vanuit gaan dat de kern van ons wezen Essentie is, en dat deze Essentie zich, in ons geval, uit als een mens, en dat wij als individu niets anders hoeven te doen dan ons dat te herinneren, zien we meteen het wezenlijke van het nut van voeding.

Voeding is datgene dat bijdraagt aan de herinnering aan en uiting van Essentie. Dat is wel een grootse gedachte achter een kopje koffie met een gevulde koek. Toch is dit een manier om naar voeding te kijken zonder direct op een opsomming van wel en niet eetbaar te komen maar wel een gevoel te ontwikkelen voor wat we nodig hebben in het leven om te ontdekken wie we zijn.

Voor elk niveau van ons bestaan is voeding nodig, alleen voor Essentie, de oorzaak en kern van ons bestaan, is niets nodig. Essentie is er altijd al, altijd voldaan en compleet in Zichzelf.

We kunnen echter deze Essentie, die we zelf zijn, alleen tot uitdrukking brengen door ons in schepping, in het fysieke leven te ervaren. Dit gebeurd op verschillende niveaus en op al deze niveaus hebben we voeding nodig anders blijven we altijd op hetzelfde niveau van ontwikkeling hangen.

Ons leven in dit specifieke lichaam, met deze specifieke energie en met deze specifieke geest kan in harmonie en zelfs in eenheid met Essentie zijn als we op alle andere niveaus in het leven voeding uitkiezen die deze harmonie tot uitdrukking brengt.

Wat is spirituele voeding?
Spirituele voeding is niet altijd etherisch en ontastbaar, maar het is voeding, op welk niveau van bestaan dan ook, die ons open maakt om onze verbinding met Essentie te beleven en te uiten. We kunnen spreken van twee soorten voeding, de ene soort is spiritueel, de andere niet. Voeding die niet spiritueel is herinnert ons niet aan onze wezenlijke natuur maar bevestigt ons in de ervaring van de beperking van ons bestaan. Voeding die spiritueel is sterkt ons in onze verbinding en beleving van de Essentie, en laat ons daarmee onszelf zo volledig mogelijk ervaren.

Spiritueel voedsel komt in vele vormen
Het is waar dat wij verschillende soorten voedsel nodig hebben, het lichaam heeft tastbaar voedsel nodig, de geest heeft mentaal voedsel nodig, het energie-lichaam heeft energie nodig. Maar om te ontdekken of het voeding is die spiritueel is, kijken we niet naar de hoedanigheid, of het bijvoorbeeld voeding voor het lichaam of voor de geest is, maar naar de kracht waarmee het ons kan verbinden met ons wezenlijke zelf.

Er is maar één manier om te ontdekken of ons voedsel spiritueel is of niet, of het ons in staat stelt ons potentieel volledig te uiten of niet, en dat is door te voelen en te beleven hoe we de voeding die we tot ons nemen om kunnen zetten in een harmonieus en volledig open leven.

Kiezen we voeding die harmonie voortbrengt of voeding die beperkt?
Ons lichaam heeft voedsel nodig om in stand gehouden te worden en voertuig te zijn voor onze ervaringen in de materiële wereld. Kiezen we voedsel uit dat ons lichaam in

staat stelt tot volle wasdom te komen en in zijn kracht te zijn?

Onze geest heeft kennis nodig die ons openstelt voor Essentie. Kiezen we voor kennis die onze geest scherpt en openstelt voor eenheid en waarheid?

Kiezen we ervoor het leven als verruimend en verdiepend te ervaren met al de ups en downs die bij het leven horen? Ieder mens is anders van binnen en van buiten, ieder heeft andere talenten en eigenschappen, stellen we ons open voor ons eigen unieke potentieel, staan we open om onszelf volledig te uiten? Voeden onze levenservaringen de beleving van de essentie van ons bestaan, of staan ze ons in de weg om onszelf te ervaren zoals we werkelijk zijn?

Er is er maar één die voeding kiest en verteert
Er is maar één iemand die ervaren kan wat voeding met ons doet en dat zijn we zelf. Daarom is de keuze van voeding, op elk niveau, altijd een individuele kwestie. Wat voor de één goed is, kan slecht zijn voor de ander. Wat de één inspireert en kracht geeft, kan voor de ander een beperking zijn. Afhankelijk van onze geestesgesteldheid kiezen en verteren we voeding op een andere manier.

Het fysieke lichaam dat werkt volgens de wetten van de natuur is door de werking van de geest wel of niet in harmonie met die wetten van de natuur. Het basisgegeven van ons lichaam is daar natuurlijk bepalend bij, maar de mate waarin onze geest in staat is dit basisgegeven te accepteren, staat ons toe wel of niet harmonie van lichaam en geest te ervaren.

Het kan zijn dat we in de loop van ons leven telkens behoefte krijgen aan andere niveaus van voeding. Ander eten, andere kennis, andere levenservaring. De manier waarop we bij onszelf kunnen blijven en eerlijk naar de resultaten van voeding in ons leven kunnen kijken, geeft aan hoe goed we daartoe in staat zijn.

Invloed gaat van subtiele vorm naar vastere vorm
We hebben gezien dat voeding wel of niet spiritueel kan zijn. Dat neemt niet weg dat voeding in vele hoedanigheden tot ons komt en ons op verschillende niveaus moet voeden. Al deze niveaus die te onderscheiden zijn, zoals fysiek, mentaal, emotioneel en energetisch, zijn we met elkaar verbonden.

De bepalende factor van voeding die bijdraagt aan ons welzijn en onze verbinding met Essentie komt steeds van het meest subtiele niveau. Met andere woorden: het is niet het meest dichte niveau dat invloed heeft op het subtielere, maar het subtielere heeft invloed op het dichtere niveau. Dit lijkt in eerste instantie vaak niet zo. We eten bijvoorbeeld voedsel dat slecht voor ons blijkt te zijn en vervolgens voelen we ons niet goed. We hebben er echter eerst op een subtieler niveau voor gekozen om dat bepaalde voedsel te eten, we voelden ons er toe aangetrokken het te eten en daarmee lieten we de vibratie van dat voedsel op ons inwerken.

Hoe meer we verlangen naar spirituele groei en hoe meer we bereid zijn daar ook naar te handelen, hoe subtieler maar ook directer we de wisselwerking ervaren tussen voeding en onze staat van zijn.

Hoe we openstaan voor Essentie bepaalt hoe we onze voeding kiezen en verteren
De manier waarop wij open staan voor Essentie geeft niet alleen aan welke voeding we kiezen maar ook hoe we de voeding verteren. Als we bijvoorbeeld volledig geïdentificeerd zijn met ons lichamelijke bestaan en denken dat wij het lichaam zijn en geen weet hebben van de andere niveaus waarop wij bestaan, dan worden we in hoge mate beïnvloed door dat lichamelijke bestaan. We sluiten ons dan als het ware af voor alle andere niveaus van voedsel en worden geheel geregeerd door fysiek voedsel. We kunnen in deze staat volledig geobsedeerd zijn door "gezond" voedsel en wel een gezond lichaam ontwikkelen maar totaal geen weet of belangstelling

hebben voor wat nog meer bestaat, omdat we er niet voor open staan. We kunnen ons afvragen hoe hier de invloed van een subtieler niveau dan een rol speelt. In dit geval hebben we ons voor een subtieler niveau dan het lichamelijke afgesloten. Ook al is de werking van het subtielere aanwezig, we zijn ons er dan niet van bewust.

Voeding vanuit de bron van al het leven voedt ons op elk niveau

Beginnen we te begrijpen dat voeding, in wat voor hoedanigheid ook, van de bron van al het leven komt, dan zal deze voeding, of het nu geestelijk, mentaal, emotioneel of lichamelijk is, ons altijd voeden. Het zal ons kracht geven en ons op alle niveaus van het bestaan de gelegenheid geven onszelf te ontplooien en te laten zijn wie we werkelijk zijn. We kunnen hier dankbaar voor zijn en deze dankbaarheid ook tonen. Een houding van dankbaarheid zal ons altijd sterken en de stroom van spirituele voeding vergroten. Soms geeft het leven ons verschrikkelijk moeilijk te verteren voeding maar als we de hierboven beschreven houding in het leven kunnen behouden of terugvinden dan zullen we ons op het diepste niveau van het bestaan gevoed voelen ook al ontvallen ons alle andere niveaus en staan we ogenschijnlijk kwetsbaar en geschonden oog in oog met een onverteerbaar lot.

Welke voeding is goed voor ons?

In de loop van ons leven zullen we steeds voor andere voeding kiezen omdat we onszelf ontwikkelen en daardoor veranderen en groeien. Wat ons ziek maakt is niet voor iedereen hetzelfde. Het blijkt ook dat in de praktijk mensen zo verschillend reageren op voeding dat daar absoluut geen pijl op te trekken is. Iedereen is in een unieke staat van ontwikkeling en daarom reageert iedereen anders op bepaalde voeding. Dit geldt voor voeding op elk niveau. We kunnen wel zien dat voeding ziek maakt als we geen gehoor geven aan ons innerlijk verlangen naar groei. Wat voor de ene mens voeding is die hem sterkt en in stand houdt kan voor de ander voeding zijn die blokkeert en verdieping en groei tegenhoudt. Daarom is het aan ieder van ons persoonlijk om te ervaren en te bepalen wat voeding is die ons sterkt en wat voeding is die ons beperkt en daarmee ziek maakt.

We hebben geestelijk, emotioneel en lichamelijk voeding nodig die ieder van ons draagkracht biedt om zijn leven te beleven. In deze poging van het leven om ons tot groei te brengen kunnen we ziekte ook als een uitdaging zien. De voeding die we tot dan toe tot ons hebben genomen heeft ons tot een bepaald niveau gebracht en door de krachtige boodschap van ziekte worden we welhaast gedwongen om onze huidige voeding in te wisselen voor voeding die ons op een ander niveau van leven kan brengen. Daarmee hoeven we ziekte niet als een vervelende tussenperiode van "niet leven" te beschouwen want de verwerking van een ziekte is juist een krachtige gelegenheid om het leven, en daarmee onszelf volledig te aanvaarden en te beleven zoals het is. We kunnen er soms niet tegen opgewassen zijn maar wel begrijpen dat geen enkele ontwikkeling en groei verloren gaat.

Wat doen we met voeding, wat geven we terug aan het leven?

Op alle niveaus krijgen we voeding aangereikt zodat we de mogelijkheid hebben leven te kunnen ervaren zoals het is. Wij zijn onderdeel van dat leven en daarom is het niet meer dan natuurlijk dat we ook geven. In die zin kunnen we zeggen dat de belangrijkste stap in onze voedingscyclus niet de keuze of de vertering van voedsel is maar datgene wat we terugschenken aan het leven. Dit is wat ons werkelijk in harmonie met het leven doet zijn. Bepalend voor onze persoonlijke groei is wat we bijdragen aan het leven. De grootste bijdrage die we kunnen leveren is eenvoudig volledig te zijn wie we kunnen zijn en daarin verbinding kunnen voelen met al het andere leven. Dienstbaarheid ten opzichte van dat andere leven houdt deze verbinding in stand.

Reiki is de zuiverste voeding
Alle voeding is energetisch, of het nu om lichamelijk, emotioneel of geestelijk voedsel gaat. We kunnen stellen dat Reiki universele energie is, energie die ons kan terug verbinden met Essentie omdat het ons bewust maakt van de verbinding die er altijd al is. Daarom is het voeding in de meest subtiele en allesomvattende staat. Het is altijd de subtiele energie die alles omvattender is dan de grovere energie. Immers vanuit het subtiele kan wel het grove ontstaan maar het grove kan het subtiele geen vorm geven. Als we Reiki kunnen zien als de meest subtiele energie die er is, kunnen we ook begrijpen dat zij invloed kan hebben op alle bestaansniveaus en al deze niveaus van leven kan voeden. Praktisch gezien betekent dit onder andere dat we door Reiki beter in staat zijn om ons op alle andere niveaus in het leven bewust te worden van de voeding die we nodig hebben om te beleven, te groeien en te bestaan op het niveau dat het leven voor ons kan zijn, en alles in dankbaarheid terug te geven.

Door de weg van Reiki maar ook door elke andere weg die ons aanzet tot spirituele groei kunnen we gestimuleerd worden om op elk niveau; spiritueel, lichamelijk, geestelijk, emotioneel, te kiezen voor voeding die het niveau waarop groei en ontwikkeling kan plaats vinden in ons leven stimuleert en in stand houdt.

DE BEHANDELRUIMTE

De twee aspecten van een behandelruimte
Of we het nu over de zelfbehandeling hebben of over de behandeling van een ander, de ruimte waarin behandeld wordt is er een essentieel onderdeel van. Voor iedereen gelden de wetten van tijd, ruimte en omstandigheden, en die willen we natuurlijk optimaal benutten als we iemand gaan behandelen.

De behandelruimte kunnen we onderscheiden in de innerlijke en de uiterlijke ruimte.

De innerlijke ruimte
De innerlijke ruimte begint natuurlijk bij onszelf. Hoe voelen we ons op het moment van behandelen? Zijn we in ons hoofd nog bezig met alle gebeurtenissen van de dag? Razen er allerlei emoties door ons heen of voelen we ons bedrukt? Het is moeilijk om een kalme vredige staat van onze geest af te dwingen, maar we kunt altijd besluiten dat we onze aandacht nu voor honderd procent geven aan de behandeling en helemaal open staan voor het proces dat komen gaat.

Soms voelen mensen zich op een bepaald moment misschien zo down en negatief dat (en wie heeft dat af en toe niet?) ze zich af vragen of Reiki eigenlijk wel stroomt tijdens de behandeling. Er gebeurt **altijd** iets door een Reikibehandeling.

De combinatie van onze intentie om te behandelen en onze handen die we op onszelf of een ander leggen is een zo krachtige boodschap naar het universum om Reiki te laten stromen en het werk te laten doen, dat we het wel heel bont moet maken met een negatieve houding wil er niets stromen. Vertrouw het proces! Wel is het zo dat als we helemaal open en bereid zijn, Reiki krachtig kan stromen. Op zich heeft dat niets met onze lichamelijke energie en kracht te maken, maar alles met onze geestelijke houding.

Twee aspecten van de innerlijke ruimte

Er zijn twee aspecten waar we ons over de innerlijke ruimte bewust van kunnen worden, namelijk onze connectie met het Vaderprincipe en onze connectie met het Moederprincipe. De Vader als inspiratie, het open staan voor creatieve kracht, God, het Goddelijke, het ongemanifesteerde, de Schepper, het universele geestelijke principe. De Moeder als de Aarde, de schepping, manifestatie, het gemanifesteerde, de Godin, de vorm die het leven heeft gekregen, energie, de mogelijkheid om onze Essentie te uiten, ons lichaam.

Het zijn deze twee grote principes die het leven en ook ons leven gestalte geven in een voortdurende dans waarin wij, mensen steeds ons evenwicht in proberen vast te houden of te vinden. Een Reikibehandeling is in essentie het herstellen van ons evenwicht in deze dans. Het is de herinnering en een bewustwording van de Bron waaruit geest en energie zijn voortgekomen. Zodra dit bewustzijn van de Bron in ons wakker gemaakt is, beleven we harmonie in het samenzijn van het Vader- en het Moederprincipe. Als deze principes in onszelf helemaal in harmonie zijn, staan we open voor de groei en ontwikkeling die het leven ons aanbiedt.

De Vader

Om ons bewust te zijn van de Vader stellen we ons voor dat ons hoofd naar boven als een poort is die zich helemaal opent. Sommige mensen stellen zich een prachtig wit licht voor dat binnenstroomt, anderen weerstaan elke verleiding om het vormloze door een vorm voor te stellen en hebben aan hun intentie genoeg. Het is echter altijd zo dat wanneer we open staan voor de Vader, we innerlijk op dit moment de meest vreugdevolle staat kunt ervaren die nu voor ons bereikbaar is.

De Moeder
Om ons bewust te zijn van de Moeder stellen we ons voor dat er lange wortels uit onze voeten de aarde in schieten en dat deze wortels ons verbinden met het wezen van de Moeder zoals ze zich nu in het fysieke bestaan aan ons voordoet. Ook kunnen we door het bewuste contact van onze voeten met de aarde onszelf gewaar worden van haar dragende en onderhoudende kracht en daardoor liefde en waardering voelen voor de kans om ons als levend wezen te kunnen uiten en te bestaan.

Wij zijn met ons persoonlijk bewustzijn onlosmakelijk verbonden met het bewustzijn van de aarde. Als wij willen groeien doen we dat bij de gratie van haar bewustzijn en bestaan.

De ultieme persoonlijke band met het Moeder-aspect is ons lichaam. Het is de vorm die wij persoonlijk kunnen beleven en voelen. Als we gaan beginnen aan een behandeling kunnen we ons bewust worden van ons lichaam. Zitten we makkelijk en ontspannen, hebben we het niet te koud of te warm, zit onze kleding lekker makkelijk? We kunnen ons gewaarworden van het gewicht van ons lichaam op de stoel en de luchtstroom langs onze huid voelen strijken.

Onze innerlijke houding geeft gelegenheid tot helen
Wanneer ons hart volledig open is, is er evenwicht tussen de Vader en de Moeder in ons en op dat moment kunnen we volledig Nu aanwezig zijn. Door ons bewust te worden en open te stellen voor het Vader- en het Moederprincipe nemen we de verantwoordelijkheid op ons om gelegenheid te geven aan geestelijke groei en fysiek herstel, of dit nu voor onszelf is of voor een ander.

Ieder moet verantwoordelijkheid voor zijn eigen groei nemen, natuurlijk ook de persoon die op de behandeltafel ligt. Maar als wij de behandeling geven, zetten we met onze innerlijke houding de toon, en nodigen we met onze houding de ander als het ware uit hetzelfde te doen

De uiterlijke ruimte
De uiterlijke ruimte is een weerspiegeling van de innerlijke ruimte, het is de uitdrukking ervan. In een behandelruimte waar chaos en wanorde zichtbaar zijn, dingen vuil zijn, onrust heerst, kan moeilijk geestelijke rust, inspiratie en mogelijkheid tot innerlijke groei, herstel en genezing aanwezig zijn. Uiterlijke orde en helderheid nodigen daar wel toe uit. Er zijn geen vaste regels voor. Een schone en heldere ruimte spreekt voor zichzelf. Sommige mensen steken graag een kaars aan, anderen zetten een mooi bosje bloemen neer of een foto van iemand of iets dat inspireert.

Harmonie schept gelegenheid tot groei
Ook in de uiterlijke ruimte heeft de harmonie tussen de beide principes een merkbaar gevolg. Er is dan eenheid en openheid aanwezig. Er is ruimte ontstaan waar verandering kan plaatsvinden. De optimale werking van Reiki – universele liefde – kan plaats vinden. In de harmonie van inspiratie en schepping kan de verbinding met Essentie gevoeld worden.

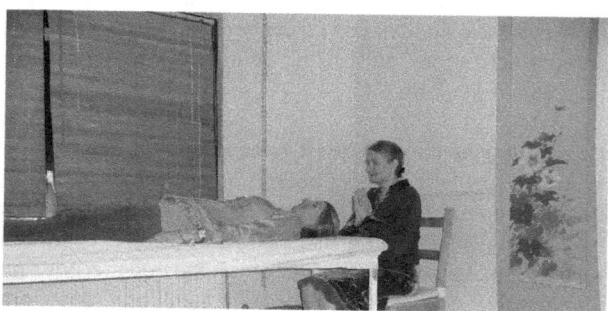

DE ZEVEN PRINCIPES DIE VOORAF GAAN AAN ELKE BEHANDELING

Intentie
1- Wees je ervan bewust waar je aan gaat beginnen. Intentie zet energie al in beweging. Spreek innerlijk uit wat je wilt gaan doen.

Houding
2- De houding van het lichaam is altijd een afspiegeling van de staat van de geest. Traditioneel gaat men in Japan bij een oefening die zittend gedaan moet worden in 'seiza' houding, dat wil zeggen met rechte rug, de benen onder het lichaam gevouwen, de stuit rustend op de voeten, schouders recht en ontspannen, de borststreek open. Als dit moeilijk of onmogelijk is ga dan ontspannen en met rechte rug op een stoel zitten en houd de voeten op de grond. Wees je bewust van het gewicht van je lichaam dat op de stoel of op de grond rust. Bij een behandeling die staande wordt uitgevoerd ga je ontspannen staan met de voeten op schouderbreedte en de knieën licht gebogen. Voel met je voeten het contact met de aarde.

Aandacht
3- Het is de bedoeling dat we de ogen tot rust laten komen, zodat de aandacht bij de healing blijft en we niet onnodig energie "weggeven" aan andere dingen. Je kunt je ogen bij een behandeling sluiten. Zorg ervoor dat je dan niet afdwaalt in je eigen gedachtewereld maar dat je aandacht bij de persoon blijft die je behandelt. Aandacht is openheid gekleurd door intentie en vertrouwen.

Ontspannen zijn
4- Ga na waar spanning in je lichaam is, maar laat je houding niet verslappen zodat je helemaal krom

en in elkaar zit. Alle spanning in ons lichaam houdt de energiestroom tegen.

Aandachtspunten in het lichaam

5- Zittend of staand is het aandachtspunt in het lichaam altijd de hara, het energiecentrum dat ongeveer twee vingers breed onder de navel zit. Vanuit de hara versterkt de energie het energetisch lichaam. Het hart is ook een aandachtspunt, het moet ruim en open voelen. Er moet liefde kunnen stromen zonder verwachting maar in vertrouwen haar werk doen nadat de intentie tot helen is gezet.

Ademhaling

6- Laat de ademhaling tot rust komen. Je kunt op een natuurlijke manier ademen. Het diepste punt waar de adem heen gaat is de hara. Adem als het kan door de neus in. Je zult merken dat de ademhaling door oefening geruisloos en 'fluweelzacht' wordt, alsof de lucht die je inademt van een andere kwaliteit is.

Bewustzijn

7- Na deze voorbereiding ben je klaar om met de healing te beginnen, en dat doe je door eerst je handen eerbiedig ter hoogte van je hart te houden. Je wordt je dan als het ware even bewust van het feit dat jij het niet zelf doet, maar dat je open bent om deel uit te maken van een groter geheel dan wat 'ik' kan bewerkstelligen. Reiki – universele liefde kan dan het werk doen.

Hoe gaan we met deze principes om?

Natuurlijk is het goed om een behandeling eenvoudig en vanzelfsprekend te geven. Als we elke keer wanneer we een behandeling geven al deze zeven punten moet nalopen, is er niet veel vanzelfsprekends meer aan de behandeling. Deze punten zijn bedoeld als hulpmiddel om de behandeling, van onszelf of een ander steeds te kunnen verdiepen en leiden uiteindelijk naar vanzelfsprekendheid. Het is goed om er af en toe eens bij stil te staan, speciaal in tijden als het allemaal even niet wil lukken of als we echt behoefte hebben om de behandelingen op een ander plan te brengen. Laten we ons echter nooit van de eigen spontaniteit en vanzelfsprekendheid afbrengen en vertrouwen in onszelf en open staan voor verdieping.

WERKEN MET REIKI ALS OEFENING IN 'NIET-DOEN'

De essentie van Reiki gaat voorbij de techniek
De essentie van Reiki gaat voorbij techniek en ook als we niet alle verschillende technieken tot onze beschikking hebben, zijn we toch in staat dit te ontdekken. Wat is dan het belangrijkste van het werken met Reiki? Dat is het beleven van de Essentie van het leven, in verbinding zijn met de totaliteit van al het leven en volkomen in de stroom van het leven kunnen zijn. Het moment van nu volkomen accepteren en niets anders dan het nu willen. We kunnen dit ontdekken in het proces van het 'niet doen'. Dit wil zeggen volkomen open en bewust de stroom van Reiki ervaren **zoals** deze stroomt, zonder enige hindernis, met als voornaamste hindernis de bemoeienis van het ego.

Dit betekent niet dat we het 'niet-doen' bij een behandeling alleen in passieve toestand kunnen ervaren, maar dat we alle handelingen en technieken in een onthechte toestand kunnen gebruiken. In deze staat identificeren we ons niet langer met het gebeuren. De behandeling gebeurt op de meest vanzelfsprekende manier, vanuit het perspectief van onze Essentie. Op zo'n moment zijn we in staat om volkomen te ervaren en te beleven. Dit is niet een toestand van geforceerde afstand en ontkenning van het ego, maar juist een toestand van volkomen verbinding, communicatie en aanwezig zijn. Het ego is in deze zin ons gezuiverde instrument bij het geven van een behandeling.

Gaandeweg, als er af en toe een ervaring van dat 'niet-doen' komt, en we echt eens hebben beleefd wat voor verschil dit uitmaakt in een behandeling, kunnen we ons meer op de ontwikkeling van technieken richten. Zo komen we ook minder in de verleiding om te denken dat we beter bezig zijn als we precies die technieken gebruiken die men bijvoorbeeld vanuit de Japanse traditie gebruikt. We ontdekken de actieve vorm van het 'niet-doen' waarin technieken de behandeling niet gecompliceerd maken en zo de 'flow' en de vanzelfsprekendheid tegenwerken, maar zonder nadruk in de behandeling worden opgenomen als dat nodig mocht zijn.

De valkuil bij het gebruik van technieken
Voor veel mensen geldt dat hoe meer zij zich met technieken bezig houden, hoe moeilijker het voor hen is om nog te kunnen ervaren dat zíj het niet zijn die het werk doen, maar dat het werk gedaan wordt. Daarom is het goed onszelf er voortdurend aan te herinneren dat de essentie van Reiki in het 'niet-doen' is. Niet het 'niet-doen' in de zin van 'laat maar gebeuren' maar het 'niet-doen' als handeling in verbondenheid.

De uitdaging van het gebruik van een methode
Het leuke aan het werken volgens een methode is de uitdaging om te groeien naar de kunst van helen met Reiki. Alles wat we over helen en genezen leren, kan door onze inzet en discipline tot een vanzelfsprekende handeling worden, zodat de schoonheid van het systeem zichtbaar wordt en het werk kan doen.

Twee soorten technieken
Er zijn twee soorten technieken. Ten eerste meditaties en oefeningen om ons eigen energiesysteem te zuiveren, te versterken en te helen. Ten tweede technieken om te gebruiken bij de behandeling van anderen. Hoe sterker we zelf energetisch zijn, des te meer we voor anderen kunnen betekenen en hoe meer effect de technieken hebben die we gebruiken. Dit betekent niet dat we meer kunnen geven omdat we persoonlijk meer energie tot onze beschikking hebben om te geven. De stroom van Reiki die we doorgeven aan de ander is niet persoonlijk, maar universeel. We hebben wel persoonlijke energie nodig om er toe te komen een behandeling te geven, en gedurende die behandeling onze aandacht op een positieve manier op iemand gericht te houden. Dus als we ons geestelijk of lichamelijk zwak voelen, is het niet verstandig bezig te zijn met de behandeling van een ander.

De valkuil bij de persoonlijke meditaties en oefeningen
We kunnen zo bezig zijn met oefeningen om via onze energie te groeien dat we vergeten dat de belangrijkste bijdrage aan de groei in ons leven door ons eigen inzicht en gedrag ontstaan en een direct gevolg op onze energie hebben. We kunnen onszelf verliezen in de energetische kant van het leven in plaats van deze kant als een onderdeel van het geheel te ontdekken op het pad naar de kern van ons wezen, de Essentie.

De uitdaging van de persoonlijke oefeningen
De uitdaging van de persoonlijke oefeningen is de ontdekking van de energetische kant van het bestaan die veel meer de verbinding tussen al het leven laat zien dan we meestal kunnen ervaren op het puur materiële vlak. De mogelijkheid is zo aanwezig om onze krachtbron te ontdekken om de energie ter beschikking te hebben om verdieping in ons leven te brengen. We kunnen ons ook gaandeweg meer bewust zijn van de energetische toestand waarin iemand verkeert tijdens de behandeling die wij iemand geven.

DE ZELFBEHANDELING

Voor de zelfbehandeling gaan we op een gemakkelijke stoel zitten, op bed liggen kan ook heel goed. De aangegeven plekken behandelen we door de handen er ontspannen op te leggen. De vingers van de handen worden aaneengesloten gehouden. Er hoeft geen druk uitgeoefend te worden en de handen hoeven ook niet extra licht op een plek gelegd te worden, want zo ontstaat spanning in de handen en armen die ons er van weerhoudt Reiki te laten stromen.

Het hoofd
Wanneer je je hoofd wilt behandelen begin je bij het achterhoofd. Vervolgens leg je je handen boven op het hoofd, de ogen, de slapen, de kin, en je eindigt met je handen om de hals.

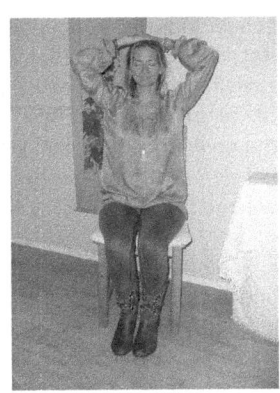

Het lichaam
Je lichaam behandel je van boven naar beneden, telkens de handen naast elkaar over de breedte van het lichaam, beginnend bij de borststreek en eindigend met de handen op de liezen.

Dit zijn in principe alle posities van de handen bij een zelfbehandeling. Alle vitale organen worden zo behandeld, en ook de rug heeft er baat bij, al leggen we daar niet direct de handen op. Als we tijd over hebben, of veel last hebben van stress, is het ook goed om de knieën te behandelen. Als we op een specifieke plek pijn hebben, en we kunnen erbij dan behandelen we die plek ook.

Als we ergens pijn hebben, bijvoorbeeld hoofdpijn, is het toch goed om niet alleen de pijnlijke plek te behandelen maar een hele behandeling te geven. De oorzaak hoeft niet altijd bij de zere plek te liggen. Pijn in het hoofd kan bijvoorbeeld ook door de darmen, een bedorven maag of stress veroorzaakt worden. Door een hele behandeling te geven wordt de energie in balans gebracht en kan er makkelijker herstel volgen.

Elke plek heeft aan 5 minuten behandelen genoeg bij een gemiddelde behandeling. Maar het is belangrijk dat we ook op de intuïtie te vertrouwen. Soms kunnen de handen als het ware op een plek blijven kleven. Of het lijkt alsof de te behandelen plek en de handen samen één energetisch geheel zijn. Het is dan goed die plek langer te behandelen. Het kan ook zo zijn dat er enige ongedurigheid ontstaat, zoals bijvoorbeeld onrustige benen. Het lichaam geeft dan te kennen genoeg Reiki te hebben gekregen voor dat moment en is nog niet klaar om meer te ontvangen. Dat moeten we ook respecteren en de plek wat korter behandelen.

Er is een verschil tussen dit gevoel van klaar te zijn op een bepaalde plek en het gevoel deze plek nog niet 'bereikt' te hebben. Dit is een subtiele gewaarwording van 'niet stromen', een blokkade kan zo aanvoelen. Sommige plekken hebben gewoon meer tijd nodig om de energie weer te laten doorstromen. Als we deze plekken meer behandelingen geven, kan er plotseling, of langzaam aan, het gevoel komen dat de energie daar weer stroomt. Alsof de plek weer 'levend' aanvoelt. Deze verschillende gewaarwordingen en ervaringen zullen in de loop van de tijd vanzelf duidelijker worden. Oefening baart kunst. Iedereen heeft intuïtie, en door de toepassing van de Reiki-behandeling wordt deze vanzelf sterker en leren we er meer op te vertrouwen. Ook als de intuïtie nog niet zo sterk ontwikkeld is, doet Reiki het werk.

EEN REIKI-BEHANDELING GEVEN

Om een Reikibehandeling te geven hebben we een tafel nodig met een comfortabel matras waar iemand lekker ontspannen op kan liggen. Sommige mensen willen een hoofdkussen, anderen liggen liever helemaal plat. Sommige mensen stellen een dekentje op prijs. Het is goed om zelf ontspannen op een stoel te zitten en de voeten goed op de grond te zetten, af en toe controleren we dit even. We houden de rug recht en de schouders ontspannen. De handen zijn het meest ontspannen bij de behandeling als de vingers aaneengesloten worden gehouden. De handen moeten schoon zijn. Bij de behandeling van het hoofd ademen we over iemand heen, de adem moet dus ook fris zijn. De handen blijven ongeveer vijf minuten op een plaats om Reiki door te geven.

Overnemen?

Er zijn mensen die zich afvragen of ze negatieve energie of ziektes overnemen als ze een ander behandelen. Iedereen is perfect in staat een behandeling te geven zonder iets over te nemen. Overnemen is, zoals het werkwoord al aangeeft, een actie vanuit onszelf. Onzekerheid en angst voeden deze actie alleen maar. Daarom is het goed alleen een ander een behandeling te geven als we dat vanzelfsprekend en vanuit ons hart willen doen. Misschien kunnen we aan het begin van een behandeling een klein innerlijk ritueel doen, zoals even stil worden en ons ervan bewust zijn dat door ons hart en onze handen Reiki stroomt daar waar het nodig is. Of om op onze eigen wijze even de verbinding met de aarde en met het universum te voelen. Het belangrijkste onderdeel van de behandeling is de duidelijke intentie om een Reiki healing te geven, en dit daarna los te laten. Met andere woorden: "We geven nu het hele gebeuren over aan Reiki zelf". Dit geeft vertrouwen en ruimte om te laten gebeuren wat moet gebeuren.

Het hoofd

Voor de behandeling van het hoofd gaan we achter het hoofdeinde van de tafel zitten. We beginnen bij de ogen, waarbij de handen iets holler dan normaal worden gehouden, zodat er geen directe druk op de ogen is. Vervolgens behandelen we de slapen en het achterhoofd waarbij we het hoofd op onze handen, die we als een kommetje houden, laat rusten. We behandelen verder de kin en de borstkas direct onder de hals. Bij de laatste plek houden we de handen een beetje in een V-vorm zodat ze niet tegen de hals aandrukken.

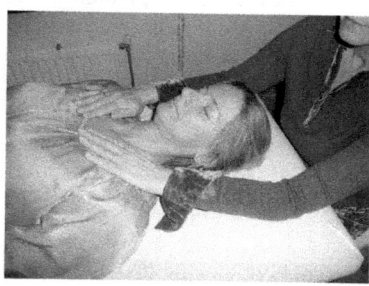

Het lichaam van voren

We gaan nu aan de zijkant van de tafel zitten en behandelen nog een positie op de borst als daar ruimte voor is. Bij vrouwen worden de borsten overgeslagen, tenzij dit van te voren gevraagd en besproken is. Maar soms is het hard nodig om het hart Reiki te geven, dan kunnen we onze handen iets boven het hart houden en het lichaam niet direct aanraken. De handen gaan nu steeds één handbreedte naar beneden en worden dan in één lijn neergelegd, zodat steeds een gedeelte van het lichaam in de breedte behandeld wordt. Een alternatief is de handen in het midden te leggen waar de energie centra zich ongeveer bevinden. De laatste positie is op de liezen, waar de handen in een brede V-positie worden gehouden.

De benen

We behandelen de knieën, de enkels en eventueel de voeten.

Het lichaam van achteren
Nadat de voorkant van het lichaam behandeld is vragen we de persoon zich om te draaien en op de buik te gaan liggen. De handen worden weer in één lijn gelegd, om steeds één breedte van het lichaam te behandelen. We beginnen bij de schouders en gaan vanaf daar steeds elke volgende positie een handbreedte naar beneden. Als laatste leggen we op elke bil een hand. We hebben nu de hele achterkant behandeld en leggen vervolgens één hand op de stuit en de andere hand op de kruin en eindigen deze handpositie als we het gevoel krijgen dat de energie in onze linker en in onze rechterhand in harmonie is.

Ter afsluiting
Na de behandeling van de stuit en kruin hebben we een prachtige behandeling gegeven. Ter afsluiting kunnen we eventueel nog een 'strike' maken. Dit is een beweging van de ene hand die de wijsvinger en middelvinger in een v-teken houdt, terwijl de andere hand op deze v-hand ligt. Hiermee maken we een lichte strijkende beweging van boven naar beneden over de ruggengraat. De uitzondering hierop is iemand die diabetes heeft. Dan wordt de 'strike' van beneden naar boven gemaakt.

Overtollige energie wegharken
Een andere mogelijkheid na de behandeling is vier keer van het hoofd tot de voeten te 'harken'. Aan het eind van elke 'hark'-beweging slaan we de handen uit alsof we iets van ons afschudden. Dit is een manier om overtollige energieën die vrij gekomen zijn na een behandeling snel weg te halen. Na vier keer 'harken' geven we iemand een denkbeeldig dekentje van licht. Dit trekken we van voeten tot hoofd over iemand heen. Hiermee harmoniseert het energetisch lichaam van iemand iets sneller na het harken. We hoeven niet perse de energie weg te harken, maar als we het doen is het nodig dat we ook het dekentje geven, anders duurt het iets langer voor iemand weer energetisch in balans is.

DE STOELBEHANDELING

Er zijn situaties waarin we iemand graag een behandeling willen geven maar geen behandeltafel of matras bij de hand hebben. Dan is de stoelbehandeling een uitkomst. Hier geldt ook weer dat we voor elke handpositie ongeveer vijf minuten behandelen.

De te behandelen persoon gaat rechtop op een stoel zitten, zodat we met één hand nog aan de achterkant van het lichaam kunnen behandelen. We gaan zelf aan de zijkant van de stoel met de te behandelen persoon staan.

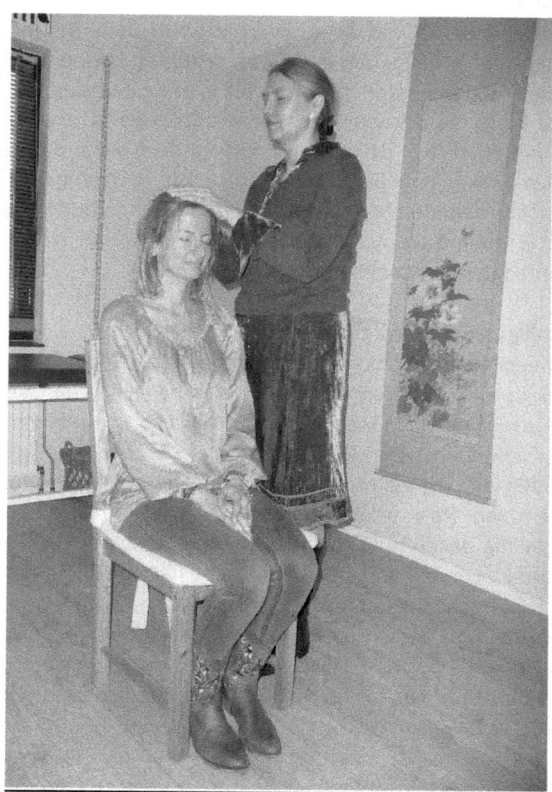

Het hoofd
We beginnen de behandeling met onze beide handen boven op het hoofd en zorgen bij deze positie dat we niet op iemands hoofd leunen. Zelfs als we niet leunen kunnen mensen met een gevoelig hoofd al snel denken dat we 'zwaar drukken'. We behandelen vervolgens met één hand op het achterhoofd en één hand op het voorhoofd.

Het lichaam
We behandelen met één hand op de nek en één hand op de hals, en zorgen dat onze hand niet op de hals drukt want dit is een gevoelige plek.

Nu gaan we steeds een handbreedte naar beneden met steeds één hand voor en één hand achter op dezelfde hoogte.

De behandeling eindigt met één hand op de stuit en één hand een handbreedte onder de navel.

Op een gegeven moment is het lastig om iemand te behandelen terwijl we staan, dan is het praktisch om al een stoel achter ons te hebben klaar staan, zodat we meteen kunnen gaan zitten als dat nodig is. We moeten niet te ver van iemand af zitten anders raken we verkrampt. Als we de buik behandelen, kunnen we op een gegeven moment met de ellebogen op onze eigen knieën steunen.

OEFENINGEN VOOR ONSZELF

Gassho meditatie

Gassho is een gebedshouding. De handen zijn niet gevouwen maar worden ter hoogte van de borststreek of ook wel het voorhoofd plat tegen elkaar gehouden. In veel spirituele tradities is een gebedshouding met gevouwen of bij elkaar gehouden handen een manier om aan te geven dat we ons helemaal naar binnen richten en onze activiteiten loslaten. Het is een houding van overgave aan ons diepste wezen en aan onze verbinding met het grote geheel. Bovendien bevordert deze houding van de handen waarbij de vingers elkaar aanraken de harmonisatie van onze hersenhelften en hiermee het samenkomen van ons bewustzijn in de fysieke wereld en ons spirituele bewustzijn.

We laten de geest tot rust komen en vechten niet tegen het opkomen van gedachten maar kijken ernaar als een waarnemer. We laten de adem tot rust komen. Om de geest tot rust te laten komen is het goed deze te richten op iets wat ons persoonlijk inspiratie en kracht geeft en ons met de stilte kan verbinden. Voor sommigen is de geest al zo tot rust gekomen dat ze de stilte direct kunnen ervaren. Voor de meeste mensen is het beter de geest op iets te richten dat ze even uit de dagelijkse gedachtestroom haalt. Iedereen kan dit richten van de geest aanpassen aan zijn of haar spirituele weg. Voor sommigen is het een gebed, voor sommigen een mantra, voor sommigen het licht van een kaars, voor anderen misschien de schoonheid van een enkele bloem in een vaas of een mooi stuk muziek.

Gokai Sansho

Het is onder Reikibeoefenaars in Japan een traditie om de vijf leefregels in de ochtend en in de avond hardop of in stilte in zichzelf te herhalen. Steeds meer mensen in het Westen nemen deze gewoonte over. In de hierboven beschreven Gassho meditatie richten we de geest zo op de vijf leefregels. Aan het begin van de dag worden we eraan herinnerd en helpt het ons om innerlijk te veranderen, en aan het eind van de dag helpt het ons tot rust te komen en alles weer los te laten. We kunnen een dergelijke meditatie natuurlijk net zo goed of misschien zelfs beter met een gebed of een affirmatie doen die ons na aan het hart liggen.

Kenyoku Ho
Dit is een methode om de energiekanalen te zuiveren en te versterken. Het 'op- en afstromen' van het etherisch lichaam. Kenyoku betekent droogbaden. Het etherisch lichaam zamelt negatieve energie op en door middel van vegende bewegingen verwijderen we deze energie. Positieve energie ontstaat door het 'opstromen'.

Het afstromen: we maken elke beweging op een uitademing. Veeg drie maal met beide handen van kruin tot borst. Veeg drie maal met de linkerhand van de rechterschouder naar de linker heup. Veeg drie maal met de rechterhand van de linkerschouder naar de rechter heup. Veeg drie maal met de linkerhand van nek tot en met de rechterhand. Veeg drie maal met de rechterhand van nek tot en met de linkerhand. Veeg drie maal van kruis tot en met de linkervoet Veeg drie maal van kruis tot en met de rechtervoet. Veeg drie maal het gehele lichaam van kop tot teen nogmaals schoon.

Het opstromen: we maken elke beweging op de inademing. Veeg drie maal van linkervoet tot kruis. Veeg drie maal van rechtervoet tot kruis. Veeg drie maal van linkerhand tot nek. Veeg drie maal van rechterhand tot nek. Veeg drie maal van kruis tot borst. Veeg drie maal van borst tot kruin. Bij het opstromen kunnen we ook een grote beweging van beneden naar boven maken.

Joshin Koku Ho
Dit is de zuiverende ademhaling. We leggen de handen met de palmen naar boven losjes op je schoot. Bij de inademing visualiseren we dat Reiki door de kruin naar binnen stroomt en leiden het met de inademing naar de

hara, het energiecentrum dat zich net iets onder de navel bevindt, en houden het daar even vast. We laten Reiki op de uitademing helemaal door ons lichaam verspreiden waarmee het spanningen en blokkades wegneemt. Reiki stroomt via de hara door ons lichaam weer naar buiten.

Seishin Toitsu
Dit is een oefening in het één worden met de Reikistroom. Ga zitten met je handen in de Gassho-positie. Terwijl je inademt word je je bewust van de Reiki die door je handen naar de hara stroomt, houd de adem heel even vast en laat de Reiki vanuit de hara je hele lichaam verlichten. Bij de uitademing laat je de Reiki weer door je handen naar buiten stromen.

Hatsurei Ho
Dit is een combinatie van de bovengenoemde technieken en zal ons energieniveau verhogen.
Gassho meditatie. In de traditionele Japanse stromingen wordt hier ofwel een Waka gedicht (een gedicht in een bepaalde versvorm geschreven door de keizer) ofwel de vijf principes (Gokai Sansho) gereciteerd.
Kenyoku Ho – zuivering en opladen van het etherisch lichaam en de energiekanalen.
Joshin Koku Ho – de zuiverende ademhaling.
Seishin Toitsu – het één worden met de Reikistroom.
Sluit af met een korte Gassho meditatie.

Nentatsu Ho
Met deze methode kunnen we een positieve affirmatie met de Reikistroom meegeven. Dit kunnen we voor onszelf en bij een behandeling van anderen doen zonder de symbolen van de tweede graad Reiki te gebruiken. We moeten erop letten dat de affirmatie positief gesteld is. We gaan ontspannen zitten of liggen, sluiten de ogen en laten de ademhaling tot rust komen. We plaatsen één hand op het voorhoofd en één hand op het achterhoofd. Herhalen de affirmatie ongeveer vijf minuten en halen dan de hand van het voorhoofd af en leg hem op de hara. We

ontspannen ons een moment en eindigen met een korte Gassho meditatie.

Sekizui Joka Ibuki Ho
Deze oefening zuivert het energetisch kanaal van de ruggegraat en heeft zo een harmoniserende werking. We gaan in seiza-houding of op een stoel zitten en stellen ons nu voor dat de gehele lengte van de ruggegraat, van de stuit tot en met de kruin, een kanaal is. Vervolgens visualiseren we bij een inademing dat er water door de ruggegraat, vanaf de stuit tot het energiecentrum tussen de wenkbrauwen naar boven stroomt. Bij de uitademing stroomt het water de stuit weer uit terwijl het onzuiverheden met zich mee neemt.

Na enkele keren deze oefening gedaan te hebben vervolgen we met het tweede deel van de oefening door bij de inademing Reiki door onze kruin de ruggegraat in te laten stromen en door de stuit weer naar buiten te laten stromen waarbij het hele kanaal gezuiverd wordt. Bij de uitademing openen we onze mond terwijl we een natuurlijk "ha" geluid maken. Deze oefening doen we ook enkele keren. Vaak kunnen we hiermee spanningen en pijn die we op dat moment voelen, oplossen. Deze oefening wordt ook wel andersom gedaan waarbij eerst de zuivering met Reiki plaats vindt en daarna de waterzuivering. Eindig met een korte Gassho meditatie.

Gedoku Ho
Dit is een zuiverende methode die het onderste en bovenste energiecentrum met elkaar verbindt. We plaatsen één hand op het onderste energiecentrum, de hara, iets onder de navel, en één hand op het bovenste energiecentrum, het voorhoofd.

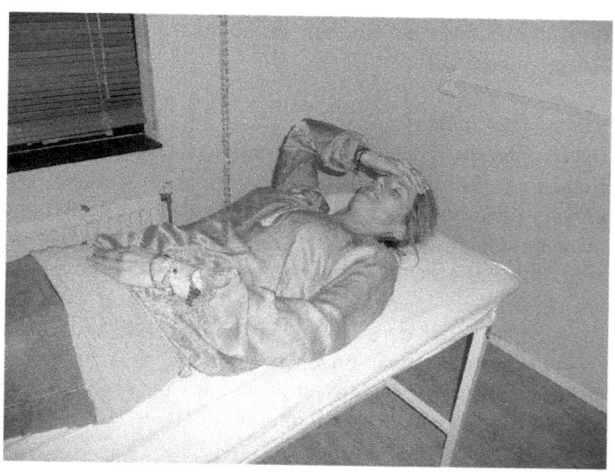

We richten onze aandacht op het voorhoofd en doen dit ongeveer vijf minuten en leggen dan de hand die op het voorhoofd lag ook op de hara. We houden de handen daar ongeveer twintig minuten en eindigen met een korte Gassho meditatie.

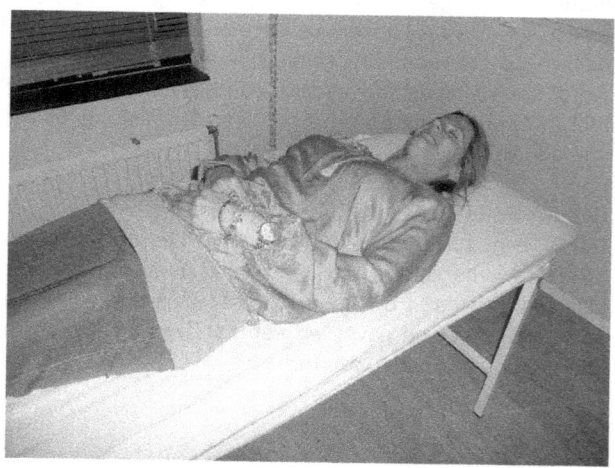

TECHNIEKEN BIJ EEN BEHANDELING

Suchu Reiki
Bij deze techniek behandelen meerdere mensen één persoon. De behandeling kan op deze manier heel krachtig zijn, waarbij de behandelingsduur verkort kan worden. Degene die het hoofd behandelt heeft de leiding over de behandeling. Dit kan steeds afgewisseld worden.

Byosen Reikian Ho
Dit is een techniek om met de handen het lichaam te scannen. Door het behandelen van anderen worden onze handen gevoelige instrumenten. We kunnen dan de verschillende toestanden van het energetisch lichaam gaan voelen. We kunnen Reiki voelen stromen, of juist voelen dat het lichaam Reiki nog niet kan opnemen. We kunnen tintelingen, pijn of kramp in onze handen voelen, de Japanse term daarvoor is 'Hibiki'. Door veel te oefenen kunnen we deze verschillende gewaarwordingen, zonder ze te beoordelen, waarnemen. Bij deze mogelijkheid om het lichaam als het ware energetisch te scannen gebruiken we nog wel ons verstand om te overwegen waar we onze handen wel of niet neerleggen, het is dus nog steeds een mentale activiteit. Het kan aan het begin van een behandeling gedaan worden om te bepalen waar we onze handen neerleggen om te helen, en aan het eind van een behandeling om de balans in het lichaam te herstellen. De vingers kunnen bij deze techniek eventueel als een "reigersbek" worden gehouden. Niet alleen om te scannen maar ook om een geconcentreerde Reikistraal te sturen. We behandelen tot we met de handen voelen dat een plek tot rust is gekomen.

Reiji Ho
Deze techniek is een stap verder dan Byosen Reikian Ho. Bij de laatste gebruiken we ons verstand om te bepalen wat het is dat we scannen en voelen en hoe we daarop reageren. Bij Reiji Ho worden we één met de Reikistroom

en laten we ons hier helemaal door leiden. We vertrouwen helemaal op het proces.

Het is bij deze techniek belangrijk dat we ons van te voren afstemmen op de Universele Reikibron. We houden onze handen voor ons voorhoofd in de Gassho-positie gevouwen en wachten tot we Reiki voelen stromen. We maken innerlijk contact met de persoon die we willen behandelen, we openen onze handen naar die persoon toe en stellen ons voor dat we hem of haar met Reiki omvatten. Vervolgens leggen we onze handen op het lichaamsdeel waar onze handen als het ware als een magneet naar toe getrokken worden. Na enige tijd voelen we waar we vervolgens onze handen moeten neerleggen, en weten we ook wanneer de behandeling klaar is. We moeten leren te vertrouwen op dit innerlijk weten, soms worden onze handen niet direct naar de plek van de kwaal getrokken maar naar de oorzaak van de kwaal.

Het is waarschijnlijk dat Usui direct Reiji toepaste, of eerst volgens een serie van vijf handposities werkte en dan Reiji of Byosen toepaste.

De vijf voorafgaande handposities die Usui voor het hoofd gebruikte zijn:
Zento bu – boven op het hoofd aan de voorkant bij de haarlijn.
Sokuto bu – op de zijkanten van het hoofd.
Koutou bu – het achterhoofd vast.
Enzui bu – links en rechts op de kruin.
Toucho bu – de kruin.

Hara Chiryo Ho
Dit is een techniek om het lichaam te ontgiften en tegelijkertijd een techniek om lichaam en geest in harmonie te brengen. We plaatsen één hand op de onderbuik en één hand op het voorhoofd. We laten de energie tussen de beide handen in balans komen en plaatsen vervolgens de hand die op het voorhoofd lag ook

op de onderbuik. Deze positie houden we ongeveer 20 minuten aan.

Koketsu Ho
Dit is een techniek om het bloed te zuiveren. Door de meridianen te stimuleren, stimuleren we de bloedstroom en de aanmaak van nieuwe rode bloedcellen. Er is een Chinees gezegde: "Waar energie stroomt, stroomt bloed". Mevrouw Takata leerde Koketsu Ho in een iets gewijzigde vorm aan haar studenten als 'de Reikifinish' of 'strike', die beschreven wordt in het hoofdstuk over de Reikibehandeling. We plaatsen een hand bovenaan de ruggegraat, met de vingers in een V-teken langs de wervels. De andere hand wordt vlak op de nek gelegd en blijft daar terwijl we met de V-teken-hand vijftien keer naar de stuit strijken. Hierna houden we een hand op de nek en een hand op de stuit. We laten de handen in deze positie liggen totdat we voelen dat de energie in balans is gebracht. Als iemand suikerziekte heeft strijken we precies de andere kant op namelijk vijftien keer van de stuit naar de nek.

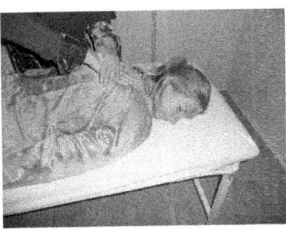 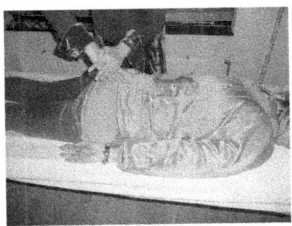

Nada Te Chiryo Ho
Dit is een techniek om met strijkende bewegingen de energiestroom te stimuleren. We kunnen de handen plat op het lichaam houden en heen en weer cirkelende bewegingen maken, of lange strijkende bewegingen maken, waarvan een paar voorbeelden zijn:

In één lange beweging strijken van de hartstreek over de maag en lever helemaal door over de buitenkant van de benen en over de voeten, en vervolgens de energie uit onze handen slaan.

Beginnen bij de hartstreek, dan over de schouders, de armen en de handen. Vervolgens slaan we de energie uit onze handen.

We leggen de wijsvinger en de middelvinger van beide handen op het begin van de wenkbrauwen, laten ze daar twintig seconden liggen en strijken dan langzaam langs de bovenkant van de wenkbrauwen naar de slapen en laten de vingers daar ook even twintig seconden liggen, strijken dan door over de oren en slaan de energie uit je handen.

We strijken van het begin van de rug, bij de nek langs de ruggegraat naar beneden en slaan vervolgens de energie uit onze handen.

Uchi Te Chiryo Ho
Dit is een techniek om met kloppende handen de energiestroom weer op gang te brengen. Het wordt gebruikt bij energieblokkades en plekken waar geen gevoel meer in het lichaam is. De kracht waarmee geklopt wordt is middel tot licht. Het is niet zozeer een massagetechniek dan wel een techniek om het lichaam ertoe te brengen om Reiki op te nemen. Er zijn verschillende klopbewegingen: met de handpalmen, met de achterkant van de handen, met de zijkant van de handen, met de vingers.

Oshi Te Chiryo Ho
Dit is een techniek om met duwende bewegingen van de handen stijve en strakke plekken in het lichaam weer soepeler te maken. We laten Reiki door de vingertoppen het lichaam instromen.

Gyoshi Ho
Dit is een techniek om via de ogen Reiki te laten stromen naar de persoon aan wie we Reiki willen geven. Het is een soort afstands-Reiki, maar we moeten de persoon in kwestie wel zien. Er stroomt energie uit het gehele lichaam

maar het zijn de handen, ogen en adem waar deze energiestroom het sterkst is.

De ogen worden wel eens beschreven als de spiegels van de ziel, in deze zin kunnen de ogen een directe verbinding met het hart, liefde en mededogen tonen. Gyoshi Ho kan op zichzelf gebruikt worden, bijvoorbeeld als er geen direct contact mogelijk is omdat iemand te gevoelig is of te veel pijn heeft. Het kan ook samen met een gewone Reikibehandeling gebruikt worden. Vaak doen we dit onbewust al.

Koki Ho
Dit is een techniek om op de uitgaande adem Reiki mee te laten stromen. Nadat we verbinding hebben gemaakt met de Reikistroom concentreren we ons op de hara. We ademen in door de neus, stellen ons dan voor dat Reiki de longen helemaal vult en ademen Reiki uit naar de persoon die we behandelen. We kunnen deze methode nog verfijnen door ons te concentreren op een specifieke leefregel, bijvoorbeeld 'Maak je vandaag geen zorgen", "Wees vandaag dankbaar voor het leven", of op liefde, vrede of ontspanning, en zo deze energie op de uitademing meesturen. We moeten ons ervan bewust zijn dat we geen persoonlijke energie meesturen en er natuurlijk voor zorgen dat onze adem fris is als we deze techniek toepassen.

Nentatsu Ho
Met deze techniek kunnen we een affirmatie aan de Reikistroom meegeven. We kunnen dit bij onszelf en bij anderen toepassen. We moeten erop letten dat de affirmatie positief gesteld is en ons richten op de gewenste en niet op de ongewenste toestand. De boodschap die we doorgeven moet absoluut in overeenstemming zijn met de noden en wensen van de te behandelen persoon. We brengen één hand op het voorhoofd en één hand op de achterkant van het hoofd. Dan geven we ongeveer vijf minuten de mentale boodschap door, en halen vervolgens de hand van het voorhoofd weg en plaatsen die bij de

andere hand op de achterkant van het hoofd. Deze positie houden we ongeveer vijf minuten aan.

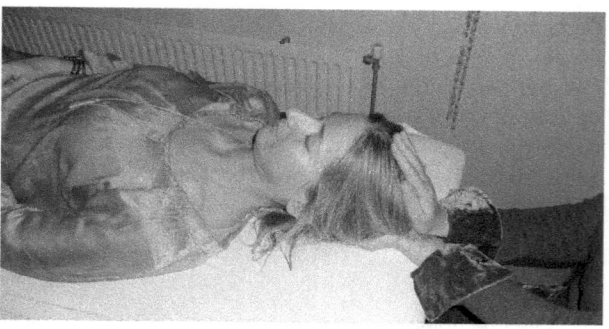

Reiki Mawashi

Dit is groepsmeditatie op de Reikistroom waarbij men een cirkel met meerdere Reiki-beoefenaars maakt. Iedereen houdt de linker handpalm naar boven en de rechter handpalm naar beneden en geeft elkaar zo een hand. Men stuurt Reiki met de rechterhand en ontvangt Reiki met de linkerhand. Met deze meditatie is het makkelijk om je opgenomen te voelen in een groter geheel. Het is goed om deze oefening te doen voordat mensen met elkaar gaan oefenen, om zo de energie van alle verschillende mensen makkelijker in harmonie te brengen.

Dankbaarheid

Het is een goede gewoonte om na een behandeling of een meditatie de handen even kort in de Gassho-positie te houden om dankbaarheid en eerbied te uiten voor de gift om met Reiki te kunnen werken en ons er weer bewust van te zijn dat wij 'niet-doen' maar dat het werk gebeurt. Ons aandeel is de intentie om gelegenheid te geven voor verbinding met Essentie, aandacht geven zodat Reiki kan stromen en vervolgens het hele proces verder los te laten.

www.ingramcontent.com/pod-product-compliance
Lightning Source LLC
Chambersburg PA
CBHW070848160426
43192CB00012B/2355